AUTOCONFIANZA INQUEBRANTABLE

Cómo Desarrollar una Autoconfianza de Guerrero Imparable para Lograr Todo lo que te Propongas

RYAN WAGNER

© Copyright 2022 – Ryan Wagner - Todos los derechos reservados.

Este documento está orientado a proporcionar información exacta y confiable con respecto al tema tratado. La publicación se vende con la idea de que el editor no tiene la obligación de prestar servicios oficialmente autorizados o de otro modo calificados. Si es necesario un consejo legal o profesional, se debe consultar con un individuo practicado en la profesión.

- Tomado de una Declaración de Principios que fue aceptada y aprobada por unanimidad por un Comité del Colegio de Abogados de Estados Unidos y un Comité de Editores y Asociaciones.

De ninguna manera es legal reproducir, duplicar o transmitir cualquier parte de este documento en forma electrónica o impresa.

La grabación de esta publicación está estrictamente prohibida y no se permite el almacenamiento de este documento a menos que cuente con el permiso por escrito del editor. Todos los derechos reservados.

La información provista en este documento es considerada veraz y coherente, en el sentido de que cualquier responsabilidad, en términos de falta de atención o de otro tipo, por el uso o abuso de cualquier política, proceso o dirección contenida en el mismo, es responsabilidad absoluta y exclusiva del lector receptor. Bajo ninguna circunstancia se responsabilizará legalmente al editor por cualquier reparación, daño o pérdida monetaria como consecuencia de la información contenida en este documento, ya sea directa o indirectamente.

Los autores respectivos poseen todos los derechos de autor que no pertenecen al editor.

La información contenida en este documento se ofrece únicamente con fines informativos, y es universal como tal. La presentación de la información se realiza sin contrato y sin ningún tipo de garantía endosada.

El uso de marcas comerciales en este documento carece de consentimiento, y la publicación de la marca comercial no tiene ni el permiso ni el respaldo del propietario de la misma.

Todas las marcas comerciales dentro de este libro se usan solo para fines de aclaración y pertenecen a sus propietarios, quienes no están relacionados con este documento.

Índice

Introducción	vii
1. Los Espartanos Y Las Fuerzas De Operaciones Especiales	1
2. ¿Qué Es La Confianza?	17
3. Mentalidades Fijas Y De Crecimiento	31
4. La Mentalidad De Un Guerrero Espartano De Élite	39
5. La Mentalidad De Un Soldado De Operaciones Especiales	55
6. Superar Tus Miedos Para Ganar Confianza En Sí Mismo	69
7. Dureza Mental Y Emocional	79
8. Toma Acción	89
9. Superando Adversidades	97
10. Estableciendo Objetivos	109
11. Buenos Y Malos Hábitos	117
12. Vivir Una Vida Libre De Miedo Para Lograr El Amor Propio	125
Conclusión	131

Introducción

Uno de los elementos más importantes del éxito es la confianza en uno mismo. Se han realizado muchos estudios e investigaciones para comprender plenamente el concepto de creer en uno mismo y cómo puede conducir a una vida de éxito.

Hay muchas personas de éxito en tu vida personal a las que puedes admirar. Pueden ser tus padres, que te han criado a ti y a tus hermanos para que sean buenas personas con carreras estables.

Puede ser un amigo que ha superado el alcoholismo y lleva varios años sobrio. O puede ser un conocido que dirige su propio negocio y viaja por el mundo en su tiempo libre.

Aunque no conozcas a alguien personalmente, basta con que mires a tu alrededor y verás a muchas personas con éxito, ya sea una celebridad, un hombre de negocios, un atleta, un artista, una persona de carrera, etc.

Introducción

Aparte de estos increíbles individuos, hay dos grupos de personas que destacan cuando se trata de tener éxito en todo lo que hacen: los antiguos espartanos y las Fuerzas de Operaciones Especiales. Puede que procedan de dos épocas muy diferentes, pero los principios a los que se adhieren son más o menos los mismos, lo que los convierte en grupos de personas de gran éxito.

¿Qué hace que los espartanos y las fuerzas especiales sean tan únicos? Tienen confianza en todo lo que hacen, de lo contrario, no serían capaces de completar su entrenamiento, pero no se les puede meter en el mismo saco que a personas famosas de éxito como Elon Musk o Peter Thiel. Su entrenamiento es diferente porque abarca la dureza física, mental, emocional e incluso espiritual. Los individuos de éxito que ves a tu alrededor son admirables, pero lo que diferencia a los espartanos y a las Fuerzas de Operaciones Especiales de estos grupos de personas es la confianza en sí mismos, que se deriva del valor.

La confianza en uno mismo es una cosa, pero tener valor es un nivel totalmente diferente. Usted aprenderá más acerca de cómo el coraje y la intrepidez hacen que una persona tenga más confianza en todo lo que hace que conduce al éxito cuando comience a leer este libro. Usted puede aplicar los principios eternos utilizados por los espartanos y las fuerzas de operaciones especiales para ganar la admiración y el respeto de sus compañeros.

En este libro, usted aprenderá muchas cosas diferentes sobre la confianza en sí mismo y la intrepidez en relación con el entrenamiento de los espartanos y las Fuerzas de Operaciones Especiales.

En este libro se tratarán algunos puntos importantes, como:

Introducción

- Razones por las que algunas personas no tienen confianza en sí mismas mientras que a otras les cuesta creer en sí mismas
- Formas de mejorar la salud física, emocional y mental
- Técnicas sobre cómo pasar a la acción y no limitarse a ser un observador pasivo de la vida de las personas de éxito
- Consejos útiles para superar las adversidades en su vida
- Formas de deshacerse del miedo para lograr la confianza en uno mismo
- Consejos sobre cómo dejar de hacer los malos hábitos y empezar a hacer los buenos
- Formas de ser eficiente, eficaz y seguro de sí mismo incluso en tus peores días
- Métodos para definir tus metas y objetivos y cómo alcanzarlos de la mejor manera posible
- Ideas sobre cómo centrarte en tus rasgos y cualidades positivas y revelar los talentos que no sabes que tienes
- Comportamiento importante para lograr el amor propio y la visión positiva de uno mismo
- Cómo vivir una vida libre de miedos y preocupaciones

Estas son sólo algunas de las cosas que aprenderás al empezar a leer este libro. ¡Comienza tu viaje hacia una vida más segura ahora mismo!

1

Los Espartanos Y Las Fuerzas De Operaciones Especiales
¿QUIÉNES SON LOS ESPARTANOS?

LO PRIMERO QUE hay que hacer es aprender más sobre los espartanos. Lo más probable es que hayas oído hablar de ellos en libros, películas y en la cultura popular. Los espartanos eran conocidos por su autodisciplina e intrepidez. Vivían en Esparta, una ciudad griega situada en el sur del Peloponeso.

Hoy, Esparta es como cualquier otra jungla urbana moderna, con bloques de hormigón de apartamentos y oficinas. Hace miles de años, el solo con el hecho de oír el nombre de Esparta despertaba temor, admiración y reverencia, porque el lugar era el hogar de los guerreros más poderosos de la antigua Grecia, los espartanos. Se han escrito innumerables historias sobre ellos porque su formación es algo digno de admiración. Se convirtieron en guerreros de éxito y vencieron incluso a los rivales más poderosos gracias al tipo de disciplina que tenían.

Además de la autodisciplina y la intrepidez, los espartanos también son conocidos por su sociedad humilde.

La antigua Grecia de entonces, especialmente en lugares importantes como Atenas, favorecía la creación de sofisticadas estructuras hechas de mármol. Esparta, en cambio, mantenía sus valores culturales de sencillez y austeridad, con la mayoría de sus estructuras construidas con madera y otros materiales simples pero resistentes. Se centraban sobre todo en el entrenamiento militar y no se preocupaban por cosas frívolas y lujosas.

Su vida giraba en torno a ser una sociedad guerrera de éxito desde el nacimiento de un niño espartano hasta su muerte.

Esta es probablemente una de las cosas que los hizo guerreros extremadamente exitosos: su objetivo era claro y directo y cada pequeña cosa que hacían estaba orientada a lograr este objetivo.

Su sistema educativo, llamado agoge, consistía en entrenar a los niños para que se convirtieran en soldados excepcionales.

Es como un campo de entrenamiento desde la guardería hasta la universidad. También se les enseñaba aritmética básica, lectura y escritura, porque un gran guerrero también debe tener conocimientos básicos de las cosas, pero el sistema educativo consistía sobre todo en desarrollar la dureza física y mental sometiéndose a entrenamientos intensivos y ejercicios peligrosos.

En el mundo actual, el tipo de entrenamiento al que tuvieron que someterse los espartanos puede no ser aplicable, pero se pueden aprender muchas cosas de estas personas extraordinarias.

¿Cómo entrenaban los espartanos?

Los derechos humanos no eran un tema común en la época y verás muchas violaciones en la forma de entrenar de los espartanos. Sin embargo, todavía se puede aprender mucho de estos antiguos guerreros en cuanto al tipo de mentalidad que se debe tener para tener confianza en uno mismo. ¿A qué tipo de entrenamiento se sometían los espartanos?

- El entrenamiento comenzaba desde la infancia

Cuando un bebé espartano nacía, debía ser inspeccionado por un consejo para ver si era apto para convertirse en soldado en el futuro. Si se observaban defectos físicos, se dejaba morir al bebé o se le arrojaba al pie de la montaña, aunque esto último era considerado un mito por la mayoría de los historiadores. Si el niño tenía suerte, era rescatado por unos desconocidos. Si no, moría por los ataques de los animales, por la exposición a los elementos o por el hambre y la sed.

La vida de los bebés considerados aptos para convertirse en soldados en el futuro tampoco era un paseo. Cuando empezaban a llorar, las madres no los levantaban. Se limitaban a dejarlos hasta que dejaban de llorar. También se dejaba a los bebés solos en la oscuridad para entrenarlos a ser intrépidos y se les bañaba en vino en lugar de agua corriente.

. . .

Esto se consideraba "amor duro" y era tan popular en la antigua Grecia, incluso en los estados vecinos, que las mujeres espartanas estaban consideradas como excelentes madres y enfermeras.

- El sistema educativo de Agoge

El sistema de educación patrocinado por el Estado en Esparta, llamado Agoge, comenzaba cuando los niños cumplían 7 años.

Tenían que ser separados de sus familias para comenzar el difícil régimen de entrenamiento. Aunque el sistema de la Agoge estaba diseñado para entrenarlos para que se convirtieran en soldados excepcionales y ciudadanos ejemplares cuando crecieran, a los chicos se les seguía enseñando lo académico, las artes y otras materias más o menos relacionadas con lo militar, como la caza, el sigilo, la guerra y los deportes. A los alumnos mayores de 12 años se les obligaba a dormir a la intemperie sin más ropa que una capa roja. Se fomentaba el robo de comida a los demás o la búsqueda de comida en la basura, pero cualquiera que fuera atrapado se les castigaba, normalmente con latigazos. Estos ejercicios les enseñaban a ser resistentes contra los elementos, ingeniosos a pesar de tener materiales limitados a mano, y sigilosos especialmente cuando tenían que cruzar las líneas enemigas.

- Castigos físicos y peleas

En la actualidad, las novatadas siguen siendo practicadas por algunas organizaciones, como las fraternidades, pero no se fomentan.

En Esparta, se fomentaban las novatadas y las peleas para formar hombres duros entre los muchachos espartanos. Los adultos y los maestros fomentaban las peleas entre los más jóvenes y se practicaban los castigos físicos porque hacían a los chicos más duros y eliminaban por completo cualquier forma de timidez o cobardía. Los castigos físicos les hacían más fácil soportar dificultades como el dolor y el hambre. Las burlas y el ridículo, que a menudo desembocaban en peleas, también fortalecían a los chicos mentalmente.

Incluso existía un ritual religioso que implicaba la flagelación de los muchachos espartanos y que a veces conducía a la muerte, llamado "diamastigosis". Se realizaba en el santuario de Artemisa Orthia frente a un altar. Esto también servía como prueba física de valor y resistencia al dolor. Con el paso del tiempo y cuando Esparta dejó de ser considerada una potencia militar, esta práctica se convirtió en un deporte de sangre que se realizaba en anfiteatros donde los espectadores observaban y animaban.

- La dieta espartana

A los 21 años, un estudiante de la Agoge podía comer en un comedor de estilo militar llamado "syssitia". Aquí era donde los ciudadanos comían. Se podría pensar que había un buffet y que la comida era un festín, pero esto estaba muy lejos de lo que se servía en la syssitia. El objetivo principal del comedor era preparar a los soldados para la guerra, cuando la comida era escasa, por lo que servían comidas insípidas, sin sabor e insuficientes. Además, desaconsejaban el sobrepeso y la falta de forma física, por lo que se desaconsejaba en gran medida comer en exceso.

Los espartanos eran conocidos por su estricta dieta y su régimen de ejercicios, que los ponía en forma. Las personas con sobrepeso eran odiadas y ridiculizadas, y también corrían el riesgo de ser desterradas permanentemente de Esparta. En cuanto a la bebida, a los espartanos les gustaba beber vino, pero la embriaguez estaba mal vista. De hecho, emborrachaban a los ilotas y les permitían actuar de forma salvaje, lo que luego mostraban a sus hijos como ejemplo de que emborracharse no era bueno.

- Las mujeres espartanas

Mientras que los chicos eran entrenados para convertirse en hábiles guerreros, las chicas espartanas eran entrenadas para convertirse en madres y esposas de los soldados espartanos. No tenían que abandonar sus hogares y se quedaban con sus padres, pero su sistema de educación y formación era igual de intenso y riguroso. Las mujeres espartanas debían tener hijos y entrenarse para ser madres fuertes y resistentes. Sus asignaturas incluían actividades físicas como el lanzamiento de disco, la jabalina, la gimnasia y la danza. Las muchachas ridiculizaban y avergonzaban a las aprendices que se quedaban rezagadas mientras interpretaban una canción delante de los dignatarios espartanos.

- Las diferentes clases de la sociedad espartana

Dado que la sociedad giraba en torno al ejército y a la producción de soldados de élite, no es de extrañar que la clase más alta de Esparta fuera la militar, llamada "Homoioi".

. . .

Si un hombre quería convertirse en un ciudadano igualitario, la única opción era convertirse en soldado. Estar en el ejército no era sólo una carrera, sino también una forma de vida y dictaba el lugar de un hombre en la sociedad. Era un compromiso de por vida porque un soldado podía permanecer en servicio hasta los 60 años.

Se podría preguntar cómo podía sobrevivir este tipo de sociedad si lo único que les importaba era el ejército. También tenían oficios y manufacturas, pero la gente que trabajaban en estas áreas eran considerados inferiores en comparación con los militares. Las personas que no estaban en el ejército y que, en cambio, trabajaban como obreros, artesanos y comerciantes, pertenecían a la clase más baja de la sociedad espartana llamada "Perioeci". Ellos eran libres, pero se les consideraba como no ciudadanos y vivían en Laconia.

Mientras tanto, los "helotas" o los esclavos que trabajaban en la agricultura y eran generalmente responsables de la producción de alimentos eran la clase más baja. Es interesante señalar que los espartanos se centraron tanto en la construcción de un ejército fuerte porque siempre existía la amenaza de que los helotas, que constituían la mayoría de la población espartana, se rebelaran contra el Estado.

- Se fomentaba el matrimonio

A los espartanos no se les desaconsejaba tener relaciones y casarse, pero la razón principal para casarse era concebir más soldados espartanos.

. . .

Por ello, se animaba a los ciudadanos del estado a que eligieran parejas que estuvieran físicamente en forma y sanas para que produjeran bebés que tuvieran más posibilidades de convertirse en excelentes soldados. Los hombres debían permanecer en los cuarteles militares hasta los 30 años, lo que significaba que serían separados de sus esposas si se casaban jóvenes. El matrimonio, el parto y la crianza de los hijos estaban estrictamente controlados por el gobierno espartano. Si un varón espartano no podía dejar embarazada a su mujer, tenía que permitir que ésta fuera fecundada por un varón viril para que tuvieran hijos.

Los varones espartanos que tenían la edad adecuada para casarse, pero que aún no se habían casado, eran objeto de burla y de ridículo, ya que se consideraba que estaban eludiendo sus responsabilidades.

- La rendición no era una opción

Rendirse a sus enemigos se consideraba una cobardía. Se consideraba una vergüenza, y los soldados que se rendían a pesar de haber dado una buena batalla eran avergonzados por sus compañeros, que en su mayoría acababan suicidándose. Se esperaba que los soldados espartanos lucharan hasta la muerte.

Era ganar o morir luchando. Los soldados que se rendían sólo podían redimirse muriendo más tarde en la batalla, si no se suicidaban antes.

Si piensas que sus esposas o madres se pondrían del lado de sus maridos o hijos, te equivocas porque las mujeres espartanas también tenían un enfoque de "hazlo o muérete" cuando se trataba de guerras o batallas. Se dice que decían la frase "vuelve con tu escudo o sobre él" a sus maridos o hijos cuando los enviaban a la guerra, lo que significa que sólo debían volver a casa como un combatiente exitoso o como un soldado muerto que muere luchando. En ambos casos se consideraba que los soldados cumplían con sus deberes hacia el Estado. En Esparta, sólo los soldados que morían luchando en la guerra y las mujeres que morían al dar a luz eran los únicos que podían tener sus nombres en sus lápidas.

¿Quiénes son las Fuerzas de Operaciones Especiales?

Las Fuerzas de Operaciones Especiales son probablemente el equivalente más cercano a los espartanos en los tiempos modernos. Son unidades militares que realizan operaciones especiales como actividades antiterroristas, sabotaje, rescate de rehenes, contrainsurgencia, guerra no convencional y exploración o reconocimiento. Estas operaciones requieren velocidad, sigilo, tácticas especiales y rapidez de pensamiento, por lo que las personas que pertenecen a las Fuerzas de Operaciones Especiales requieren un entrenamiento intensivo del cuerpo y la mente.

Algunas de las Fuerzas de Operaciones Especiales más famosas de Estados Unidos son los Navy SEALS, Force RECON, Marine Raiders, Green Berets, Rangers, Night Stalkers y Air Force Special Tactics, por nombrar algunas. Se trata de grupos dentro del Ejército, la Armada, los Marines y las Fuerzas Aéreas, pero que se someten a un proceso más avanzado y riguroso para poder realizar tareas de Operaciones Especiales.

Otros países también tienen sus fuerzas de élite, como el SAS o Servicio Aéreo Especial británico, el Special Boat Service, que es el homólogo de los SEAL de la Armada en el Reino Unido, el Sayeret Matkal en Israel, el Grupo de Intervención de la Gendarmería Nacional en Francia, el Grupo Alfa ruso y la Unidad de Operaciones Especiales en España.

¿Cómo se entrenan las Fuerzas de Operaciones Especiales?

El entrenamiento de estos grupos de soldados es diferente al de los espartanos, pero el principio es más o menos el mismo: desarrollar la resistencia, la intrepidez y la fuerza mental para poder tener éxito en las actividades militares.

- Entrenamiento físico

1. Una de las habilidades más importantes que hay que dominar como soldado de Operaciones Especiales es correr. Debes correr al menos de 25 a 30 millas por semana si quieres evitar lesiones como la tendinitis de la rodilla o las espinillas.

No sólo correrás rápido, sino que lo harás con una gran carga sobre tu espalda. Tus pulmones y piernas deben estar siempre preparados para correr.

2. Un soldado de Operaciones Especiales llevará cargas pesadas a la espalda, como mochilas con todos sus suministros, troncos o incluso un compañero herido.

Es importante mantener una espalda baja fuerte. Hay ejercicios especiales para fortalecer la parte baja de la espalda, como el arrastre del cuerpo, el levantamiento de peso muerto, las cargas de bombero, las caminatas de granjero y el levantamiento en suspensión. Si no llevas una carga pesada en la espalda mientras caminas, estarás de pie todo el día, lo que también supone una carga para la espalda.

3. Es posible que se le pida que nade en una extensión de agua como parte de las operaciones especiales en las que tiene que participar. La actividad de natación normal es un gran ejercicio aeróbico, pero también debe practicar la natación de supervivencia, en la que tiene que nadar en el agua con el uniforme militar completo y las botas de combate puestas.

Mientras esté en combate o realizando otras tareas de Operaciones Especiales, no podrá permitirse el lujo de cambiarse a un traje de baño adecuado.

Tienes que nadar en el agua con la ropa y las botas puestas. Es posible que desee mejorar sus habilidades de natación primero haciendo vueltas regulares en la piscina antes de entrenar para la natación de supervivencia.

Estos son sólo algunos ejemplos del entrenamiento físico al que debe someterse un soldado de élite. Hay muchos más tipos de ejercicios que se centran en diferentes partes del cuerpo y que son más difíciles de ejecutar, pero es mejor dejarlos explicados en el campo de entrenamiento, si alguna vez decides convertirte en un soldado de Operaciones Especiales.

- Navegación terrestre

Ser capaz de leer el mapa y la brújula es una necesidad si quieres pasar el entrenamiento de Operaciones Especiales con éxito. No siempre se le asignará un lugar conocido. La mayoría de las veces, los soldados de Operaciones Especiales son enviados al extranjero o a un territorio desconocido, y deben saber cómo ir a su destino previsto o conducir a sus tropas de vuelta a su campamento.

- Combativas

Las Fuerzas de Élite también tienen que entrenar diferentes formas de combate cuerpo a cuerpo, como el jiujitsu. Esto enseña a los soldados a luchar sin utilizar armas avanzadas y, al mismo tiempo, el entrenamiento les inculca los valores de un gran guerrero y la confianza de saber que su propio cuerpo es suficiente para ganar un combate contra el enemigo.

- Entrenamiento de francotirador

No se trata sólo de acertar al objetivo desde lejos. El entrenamiento de francotirador también implica la vigilancia y el uso de ordenadores balísticos. También se enseña fotografía digital porque algunas situaciones requieren tomar fotos de sujetos o zonas. Esto puede sonar morboso, pero también se les enseña el uso correcto de un rifle semiautomático para ahuecar el cráneo del objetivo. El objetivo principal de aprender a disparar es asegurarse de que se hace correctamente. Si la orden es disparar a matar, entonces hay que matar al enemigo de un solo disparo.

. . .

Hay otra forma de tiro de francotirador llamada apoyo de plataforma aérea donde el francotirador tiene que disparar al objetivo mientras está en un helicóptero en movimiento. Esta es una habilidad de francotirador más avanzada porque el tirador está en movimiento y el objetivo puede estar inmóvil o en movimiento.

- Ataque con explosivos

Esto es cuando tienen que entrar en una estructura o complejo enemigo destruyendo una entrada. Probablemente has visto esto en las películas, donde los soldados derriban una puerta de metal u otros bloqueos para entrar en un edificio enemigo. Hacer esto no sólo es una forma rápida y eficiente de entrar, sino que también añade un elemento de choque y sorpresa para los malos. Esto es mucho más que bombardear una puerta porque requiere habilidad técnica a la hora de decidir el tipo de explosivo a utilizar. Además, no se permite fallar en el primer intento porque da al enemigo un aviso de que alguien está intentando entrar.

- Helicobismo y descenso rápido

Esta es otra técnica de infiltración que las fuerzas de élite tienen que entrenar antes de ir a su misión. Se trata de que el helicóptero vuele a baja altura sobre una masa de agua y el soldado deba saltar y nadar hasta la orilla. Esto se hace, por supuesto, cuando el lugar en el que se está infiltrando está rodeado por una masa de agua. Hoy en día, no se suele utilizar porque la mayoría de las operaciones y misiones se realizan en el desierto o en las montañas.

. . .

Otra técnica similar es el descenso rápido, en el que los soldados tienen que deslizarse o trepar por una cuerda trenzada atada a un helicóptero en movimiento para la inserción o la extracción. Esto puede ser complicado porque los soldados suelen llevar un equipo de combate pesado, por lo que es necesario un entrenamiento adecuado.

- Movilidad

Los soldados tienen que conducir diferentes tipos de vehículos de operaciones especiales, como camiones blindados con cañones, vehículos todoterreno y motos todo terreno. Los dos últimos son muy utilizados en Afganistán debido al tipo de terreno de la zona. Otro tipo de vehículo es un vehículo táctico que parece normal desde el exterior, pero que lleva equipo de combate como lanzacohetes, granadas de mano y balas. A los soldados de operaciones especiales también se les enseña a disparar mientras conducen al mismo tiempo.

- Buceo de combate

Las operaciones especiales marítimas requieren un entrenamiento adecuado que incluye la infiltración acuática y subterránea. Se utilizan equipos especiales de submarinismo y respiradores para que los soldados bajo el agua no produzcan burbujas u otros indicios de que hay alguien bajo el agua esperando a resurgir.El tipo de formación al que tienen que someterse no es solo sobre buceo, sino también a la protección contra el ahogamiento, a la física, a la navegación bajo el agua, a la fisiología, al manejo de pequeñas embarcaciones, al uso de kayaks y botes inflables, y a muchos otros aspectos.

- Caída libre militar

Habrá visto en las películas cómo los soldados de élite saltan desde un avión con el paracaídas puesto. Esta es una habilidad de la vida real que tienen que aprender los soldados de operaciones especiales. Hay dos tipos de paracaídas: el de gran altitud y el de baja altitud. La gran altitud dificulta la respiración de los paracaidistas, por eso tienen que estar con oxígeno durante el proceso. La diferencia entre ambos es la distancia del soldado al suelo antes de desplegar el paracaídas.

El primer tipo es cuando el paracaídas se despliega a 30.000 pies sobre el suelo o inmediatamente después de saltar del avión, mientras que el segundo tipo es cuando el paracaídas se despliega a sólo 4.000 pies sobre el suelo. Esto es difícil porque los soldados tienen que llevar el uniforme de combate completo y se espera que luchen casi tan pronto como toquen el suelo.

- Creación de relaciones

¿En qué consiste exactamente la creación de relaciones? ¿Se espera que las Fuerzas de Operaciones Especiales sean amigas de sus enemigos? Se trata de establecer una relación sólida con un aliado, que puede ser un país anfitrión o una unidad homóloga con la que hay que trabajar codo con codo. Es importante que te lleves bien con estas personas y que tengas confianza y buena comunicación si quieres que tu misión de operaciones especiales tenga éxito. Puede que tengas excelentes habilidades de combate, conocimientos técnicos y equipo militar avanzado, pero saber manejar a las personas, especialmente a los aliados potenciales, es igual o más importante.

Estas son las cosas que los espartanos de antaño, y las Fuerzas de Operaciones Especiales modernas tienen que pasar para completar su entrenamiento. La dificultad de estos ejercicios de entrenamiento y el hecho de completarlos son un gran factor para la confianza en sí mismos de estos guerreros y soldados.

Sin embargo, esto no significa que usted tenga que someterse al mismo entrenamiento. Lo importante es que te centres en las cosas que hicieron que los espartanos y las Fuerzas de Operaciones Especiales tuvieran confianza en lo que hacen. Y el principal factor común es el valor o la intrepidez.

Pero primero, tienes que entender la psicología de la confianza leyendo los siguientes capítulos.

2

¿Qué Es La Confianza?

Probablemente hayas leído y oído hablar de la confianza en uno mismo a lo largo de tu vida desde que tienes uso de razón. ¿Cuántas veces has oído a tus padres decirte que tuvieras más confianza en ti mismo cuando estabas en la escuela, o que tuvieras más confianza al responder a las preguntas durante una entrevista? ¿Qué es exactamente la confianza?

Puede sonar cursi, pero la confianza es creer en ti mismo, en tus habilidades y en tus capacidades. Es tener una opinión positiva de ti mismo. La propia palabra "confianza" tiene sus raíces en el latín "fidere", que significa "confianza". Por tanto, tener confianza en uno mismo es confiar en uno mismo.

¿Cómo saber si tienes confianza? Sabes que puedes hacer frente a todo lo que la vida te depara. Estás más en sintonía y relajado con tu vida y tu respuesta a todo parece suave y natural. Para ti, y quizás para las personas que te rodean, todo parece fácil o todo tiene solución.

Esto se debe a que crees en tus capacidades y en lo que puedes hacer. Ten en cuenta que esto es diferente a ser arrogante porque la arrogancia es gritar al mundo entero que eres el mejor. La confianza es silenciosa y el resultado de tus acciones habla por sí mismo. La arrogancia hace que la gente no te quiera. La confianza, en cambio, inspira.

Basta con mirar a los espartanos y a las Fuerzas de Operaciones Especiales. Los espartanos hace tiempo que desaparecieron como sociedad, pero sus principios siguen vivos.

Dejaron una huella en la historia como algunas de las personas más intrépidas y seguras de sí mismas que han existido en este planeta. Las Fuerzas de Operaciones Especiales también son conocidas por su excelencia en todo lo que hacen y su confianza en la forma en que manejan las operaciones delicadas. Esto es lo que usted debe esforzarse por ser.

La confianza también se refleja en cómo te ven los demás, porque es evidente en tu aspecto y tu forma de hablar. Pero ten en cuenta que no basta con tener confianza en uno mismo para ser carismático y servir de inspiración a los demás. También depende de tu capacidad de comunicación y de cómo construyes la relación con las personas con las que hablas.

Autoestima y confianza en uno mismo

Son dos palabras que se han utilizado indistintamente. Ya sabes que la autoconfianza es la creencia en tus capacidades.

La autoestima, por su parte, es el sentido de sí mismo o de su autovaloración. Aunque puede parecer lógico que las personas que tienen una gran confianza en sí mismas tengan una gran autoestima, no siempre es así. Basta con ver la cantidad de artistas exitosos y seguros de sí mismos que podían actuar frente a miles de personas, pero que más tarde se suicidaron.

Tenían confianza en su oficio, pero tenían un pobre sentido de la autoestima. También puede ocurrir lo contrario. Puede que tengas una alta autoestima y sepas que eres digno, pero sin embargo no tienes la confianza necesaria para hacer ciertas cosas, como hablar en público o aprobar ese examen.

Las personas con una alta autoestima son aquellas que no se preocupan por tener unos ingresos elevados, un estatus u otros objetivos materialistas porque creen que estas cosas no definen su valor como persona. No necesitan depender de muletas como las drogas o el alcohol.

Esta es una forma superior de principio cognitivo a la que también deberías aspirar. Pero esto puede ser más fácil de lograr si primero te ocupas de tus problemas de autoconfianza.

Cuando empieces a creer en tus capacidades como individuo, entonces alimentar tu autoestima será mucho más fácil de abordar.

Confianza en uno mismo: ¿naturaleza o crianza?

. . .

En psicología, la cuestión de la naturaleza frente a la crianza siempre aparece en casi todo tipo de debates, incluidos los temas sobre la confianza en uno mismo. ¿Por qué algunas personas tienen más confianza que otras? ¿Por qué a algunas personas les resulta más fácil tener confianza en sí mismas y a otras les resulta difícil? ¿Hay personas dotadas de confianza por naturaleza, mientras que otras tienen que sufrir la falta de ella? ¿Se puede aprender?

Al igual que la mayoría de los temas de psicología, la confianza en uno mismo es, en parte, un hecho natural en nuestros genes, lo que significa que algunas personas están genéticamente programadas para ser seguras de sí mismas. Esto se ve en los niños. Algunos niños irradian confianza de forma natural, mientras que otros necesitan que se les inculque delicadamente. También pueden influir otros factores, como la timidez.

Esto no significa, sin embargo, que la confianza no pueda desarrollarse más adelante en la vida. Probablemente tenga un compañero de trabajo que siempre parece no inmutarse ante las críticas. No se le eriza la piel. O probablemente tengas un amigo que no tiene miedo de probar cosas nuevas o de asumir riesgos. Tampoco están seguros de si tendrán éxito o no, pero van a por ello de todos modos. ¿Por qué? ¿Qué tienen ellos que tú no tengas?

Es posible que estas personas siempre hayan tenido confianza en sí mismas desde que podían hacer las cosas por sí mismas, pero también es posible que hayan desarrollado su confianza a medida que crecen.

. . .

Eso es lo mejor de todo. Puedes enseñarte a ti mismo a tener más confianza en ti mismo. La prueba está en la forma en que los espartanos entrenaban a todos sus hijos que nacían sanos para convertirse en grandes guerreros. Por supuesto, no todos ellos nacieron con una confianza innata. Pero se les entrenó para que no tuvieran miedo y se convirtieran en personas seguras de sí mismas. Lo mismo ocurre con los soldados de Operaciones Especiales. Lo más probable es que estos hombres procedan de entornos, infancia y educación diferentes. Cuando comenzaron el entrenamiento, no tenían la confianza necesaria para usar una granada o saltar de un avión, o disparar a matar.

Pero después de su entrenamiento, adquirieron más confianza en su capacidad para hacer estas cosas y también en general.

Tú también puedes someterte a un tipo de entrenamiento para tener más confianza en ti mismo. Así que, para responder a la pregunta de por qué algunas personas son más seguras de sí mismas que otras, la composición genética de un individuo contribuye en parte a ello, pero la parte del entrenamiento es el factor más importante. Sólo hay que conocer los diferentes tipos de entrenamiento que hay que hacer para tener más confianza en uno mismo.

Lo bueno de entrenarse para ser intrépido y seguro de sí mismo es que cuanto más avanzas hacia ello, más se expande tu potencial. Significa que aprenderás continuamente cosas sobre ti mismo y tus capacidades mientras persigues tu objetivo de ser más seguro de ti mismo.

. . .

Por ejemplo, en tu camino hacia la confianza en tu trabajo como empleado habitual, puede que te des cuenta de que tienes potencial para convertirte en gerente porque eres bueno con la gente y con el manejo de los problemas en tu lugar de trabajo. Esto se debe a que estás empezando a probar cosas nuevas. Y cuanto más pruebas cosas nuevas, más aprendes sobre ti mismo y revelas habilidades que no sabías que tenías.

También tienes que saber si no tienes confianza en ti mismo. Puede que no lo tengas claro, por eso debes saber distinguirlo para poder abordarlo de forma adecuada e inmediata. Si siempre dudas de ti mismo y crees que no puedes hacer una determinada tarea, entonces no tienes confianza en ti mismo.

Por ejemplo, si tu jefe te pide que hagas una tarea por primera vez, te encuentras preocupado por ella o, peor aún, le dices a tu jefe que no puedes hacerla porque crees que no tienes las habilidades adecuadas. O tal vez no te ofrezcas para trabajar en determinados proyectos porque crees que no puedes hacerlo tan bien como tu compañero de trabajo.

Otra señal es cuando recibes comentarios o críticas negativas, y eso se come la confianza que te queda y te revuelcas en la autocompasión pensando que no eres lo suficientemente bueno. Te centras demasiado en tus errores, lo que dificulta que aceptes nuevos proyectos porque sigues teniendo ese miedo a recibir críticas y comentarios negativos.

También tiendes a ignorar los cumplidos y los comentarios positivos.

No puedes creer que la gente encuentre tu trabajo estupendo. Incluso tienes ese miedo latente a que la gente descubra que estás fingiendo. Que no eres capaz, sino que has tenido suerte.

Estos también son signos de tener el síndrome del impostor, del que hablaremos más a fondo a continuación.

Síndrome del impostor

Puede pensar que se trata de un simple caso de falta de confianza en sí mismo, pero es posible que padezca el síndrome del impostor. Este fenómeno fue nombrado por primera vez por dos psicólogas, Suzanne Imes y Pauline Rose Clance, a finales de los años 70. Y según los estudios, no es un hecho aislado, ya que alrededor del 70% de las personas han experimentado la sensación de ser un impostor. Esto afecta a personas de todos los ámbitos de la vida, pero es más común entre las mujeres y las personas muy inteligentes y con éxito, según algunas investigaciones.

El síndrome del impostor es esa sensación de ser un fraude y de que tus éxitos en la vida se deben a la suerte y no al talento o al trabajo duro. Tienes ese miedo constante a que te descubran que has fingido tu camino hacia el éxito. Es la sensación de no pertenecer. Crees que sólo eres parte del grupo porque has tenido suerte.

¿Cuáles son los signos del síndrome del impostor?

- Dudar de uno mismo
- Ser demasiado duro contigo mismo
- Pensar que tu éxito se debe a factores externos como la suerte y no a tu capacidad y competencia
- Menospreciar tus habilidades y competencias
- El miedo constante a no estar a la altura de las expectativas de los demás
- Sabotearte a ti mismo porque prefieres destruir tus posibilidades de éxito antes que fracasar
- Establecer objetivos casi imposibles y castigarte a ti mismo cuando no los consigues
- Ser un perfeccionista y un superdotado

Algunos podrían pensar que esto es sólo una forma de perfeccionismo, pero no es el caso porque es perjudicial para tu éxito como individuo debido a la ansiedad que siempre sientes.

Te preparas en exceso y te esfuerzas al máximo para que nadie descubra que estás fingiendo.

Imagina cómo es si tienes el síndrome del impostor: algo tan sencillo como asistir a una reunión familiar se convertirá en un gran problema. Intentarás memorizar detalles sobre los miembros de tu familia para tener algo de lo que hablar cuando te quedes a solas con ellos. O te quedarás despierto toda la noche para preparar un pequeño examen porque tienes miedo de fallar y de que la gente descubra que no eres lo suficientemente bueno.

Lo que hace que sea aún más difícil es que hacer algo con éxito no cambia la forma en que te ves a ti mismo.

Por ejemplo, puede que hayas aprobado el examen o que tus tíos se hayan reído de tus chistes y hayan pensado que eres el pariente más divertido, pero seguirás viéndote de la misma manera que antes: un fraude. Cuanto más éxito tienes y más logros obtienes, más te consideras un fraude. Es como si tu cerebro no pudiera entender que eres lo suficientemente bueno y que todos tus éxitos se deben a ti.

¿Qué desencadena el síndrome del impostor? Puede tener su origen en la educación de un niño. Tal vez procedas de una familia de superdotados y tus padres sean difíciles de complacer. O tal vez te están ofreciendo un puesto más alto con más responsabilidades y dudas de ti mismo. O quizás estás a punto de empezar a ir a la universidad cuando ya eres mayor y sientes que hay demasiada gente joven y que van a descubrir que eres un anciano cuando no sepas usar un ordenador. Cosas como éstas pueden provocar el síndrome del impostor.

Hay diferentes variantes del síndrome del impostor y debes conocerlas para poder obtener el tipo de ayuda que necesitas.

- El perfeccionista

Algunos dirán que ser perfeccionista es algo bueno. Pero como siempre se dice, el exceso de algo no es bueno. Las personas que son perfeccionistas siempre se ponen metas altas, y cuando no pueden alcanzarlas, se reprenden a sí mismas y empiezan a dudar de sus capacidades. Además de ser demasiado duros consigo mismos, los perfeccionistas no son buenos jugadores de equipo porque prefieren hacer las cosas ellos mismos que dejar que otras personas ayuden.

Tienden a ser micro gestores y fanáticos del control. Este no es un buen rasgo de un líder porque delegar tareas es difícil para ellos. Su trabajo y el de los demás debe ser 100% perfecto en todo momento. Este grupo no experimenta satisfacción tras alcanzar un objetivo porque siempre sienten que podrían haber hecho más. También tienden a ser lentos para empezar y trabajar porque siempre esperan el momento perfecto para empezar y que todo esté en el orden adecuado antes de empezar. Se centran incluso en detalles pequeños e insignificantes, lo que les hace trabajar con lentitud. Una cosa que los perfeccionistas deben recordar es que hay que celebrar los éxitos para experimentar satisfacción y evitar la sensación de inquietud y agotamiento. Esto también aumenta en gran medida la confianza en uno mismo.

Hay que decirse a sí mismo que los errores están bien porque forman parte del proceso de aprendizaje. Y puede sonar cliché, pero sólo eres humano y los humanos cometen errores. Incluso los robots y las máquinas cometen errores.

- La Superwoman/Superman

Como las personas con síndrome del impostor creen que son unos farsantes, a menudo intentan disimularlo trabajando más que la gente que les rodea. Si te encuentras trabajando voluntariamente horas extras, aunque hayas terminado tu jornada laboral porque sientes que no has hecho lo suficiente, probablemente pertenezcas a este grupo. También puede sentir que no merece sus descansos, aunque haya terminado su trabajo. No tienes aficiones ni pasas el tiempo sin hacer nada porque sientes que deberías hacer más. Trabajar más y durante más horas alivia de algún modo tus inseguridades y tus dudas.

No tiene sentido porque tienes premios y títulos que avalan tus éxitos en la vida, pero sigues pensando que eres un farsante entre tus colegas. Las supermujeres y los superhombres encuentran su validación en el trabajo extra.

Podrías decir que los espartanos y las fuerzas de operaciones especiales son todos superhombres en tu opinión, así que ¿por qué esto se convierte en algo negativo cuando se traslada a la vida ordinaria? Los espartanos y las fuerzas de élite pueden tener objetivos extraordinariamente difíciles, pero cuando logran estos objetivos, como salir victoriosos en una guerra o completar una misión, reconocen cualquier premio o cumplido que reciban y se sienten más seguros de sus habilidades. Esto es algo que deberías aprender de estos grandes guerreros y soldados.

Además, deberías dejar de centrarte en la validación externa y centrarte en cambio en la autovalidación para empezar a ganar más confianza. De este modo, te darás un respiro y aliviarás la carga de trabajo que te impones poco a poco.

- El genio natural

Este grupo de personas cree que debería ser capaz de hacer las cosas perfectamente en su primer intento. Se juzgan a sí mismos en función de la rapidez y la facilidad con la que pueden terminar con éxito un proyecto o entender un concepto. Creen que, si tardan mucho en hacer algo, aunque sea con éxito, se sienten avergonzados porque piensan que no tienen el talento o la habilidad necesarios.

. . .

Lo que les diferencia de los perfeccionistas es que no sólo se imponen unos niveles de exigencia imposiblemente altos, sino que también quieren comprender con éxito un concepto o terminar un proyecto sin dedicarle demasiado tiempo y esfuerzo. Se sienten como un fraude si les cuesta más de lo normal terminar una tarea, cuando esto es algo natural, ya que por muy inteligente que seas, seguirás teniendo problemas con otras cosas.

Si eres el tipo de persona que siempre saca buenas notas y se desenvuelve con facilidad en las tareas, y cuando te encuentras en una situación en la que te cuesta, puedes sentirte avergonzado de ti mismo. Tampoco te gusta trabajar con un mentor o no quieres que otros te enseñen porque sientes que debes aprender las cosas por tu cuenta sin demasiados problemas.

También es posible que evites probar cosas nuevas porque no quieres sentirte incómodo y en una posición en la que no sabes cómo hacer las cosas.

Debes aprender a aceptar el hecho de que eres un ser humano con defectos. No se espera que lo sepas todo. Incluso los genios del mundo tienen puntos débiles y tienen que esforzarse por aprender ciertas cosas. Si dejas de tener grandes expectativas sobre ti mismo, podrás ganar más confianza. También deberías empezar a abrirte a la idea de aprender cosas que están fuera de tu zona de confort.

- Los solistas

Esto también está relacionado con los tipos anteriores de síndromes impostores porque los solistas tampoco aceptan la ayuda de los demás, ya que la consideran un signo de incompetencia. Creen que lograr las cosas por sí mismos es el único camino a seguir. Ser independiente y ser capaz de hacer cosas sin la ayuda de otros es algo bueno. Pero cuando se necesita ayuda, hay que saber que no hay nada malo en pedirla. No pedir ayuda a los demás no demuestra necesariamente tu valía como trabajador. No eres un farsante si necesitas la orientación o la ayuda de otros. Un solista puede pedir ayuda, pero lo hará de tal manera que parezca que se trata de una exigencia del proyecto, y no porque te cueste hacerlo.

- El experto

Las personas que pertenecen a este grupo tienen miedo de quedar en evidencia por no saber o hacer lo suficiente. Miden su competencia en función de las cosas que pueden y no pueden hacer y de los conocimientos que tienen y no tienen. Si eres el tipo de persona que no se presenta a un ascenso sólo porque crees que aún te falta experiencia, probablemente pertenezcas a este grupo. Siempre intentas mejorar tus habilidades obteniendo certificaciones o asistiendo a clases, pero para ti todavía no son suficientes. A veces también dudas de tus capacidades como directivo, por ejemplo, aunque ya lleves mucho tiempo en ese puesto.

Aunque esforzarse por ser mejor y tener siempre el afán de aprender son cosas buenas, no hay que ser demasiado duro consigo mismo. Si no puedes asumir nuevas funciones porque crees que necesitas más certificaciones, se convierte en una forma de procrastinación.

El truco está en adquirir certificaciones o aprender cosas nuevas sólo cuando sea necesario. No te limites a "acumular" conocimientos o habilidades sólo para sentirte mejor y darte una falsa sensación de seguridad.

Ten en cuenta que el síndrome del impostor no es un trastorno mental, pero es igual de importante prestar atención a los diferentes signos de tener un síndrome del impostor para poder abordarlo adecuadamente. El entrenamiento de los espartanos del pasado y de las Fuerzas de Operaciones Especiales modernas incluía que los superiores y los compañeros se burlaran de ellos para hacerlos rendir aún más. Y esto funciona porque, en lugar de quebrantar su espíritu, las burlas sólo les hacen más fuertes.

En cambio, si las burlas provienen de uno mismo, resulta más difícil de manejar. Siempre se dice que tu peor enemigo eres tú mismo. Pero aún puedes aprender un par de cosas sobre cómo se entrenan los espartanos y los soldados de operaciones especiales cuando se trata de superar estos pensamientos negativos sobre ti mismo.

Para superar estas dudas sobre ti mismo y adquirir la mentalidad de un guerrero espartano y de un soldado de las Fuerzas Especiales, debes seguir leyendo porque los próximos capítulos te enseñarán más.

3

Mentalidades Fijas Y De Crecimiento

LAS DOS MENTALIDADES BÁSICAS: la fija y la de crecimiento

Antes de conocer el secreto de los espartanos y de las Fuerzas de Operaciones Especiales para tener confianza en uno mismo, primero hay que entender los dos tipos de mentalidad -la mentalidad fija y la mentalidad de crecimiento- y a qué grupo perteneces.

Una mentalidad fija es tener la creencia de que todo lo que tienes -tu inteligencia, personalidad, habilidades, carácter y capacidades- es innato y constante. Esto significa que cualquier cosa que te ocurra en la vida, tanto si fracasas como si tienes éxito, es el resultado de estos rasgos estáticos que ya tienes desde el día en que naciste. Puede haber cambios a medida que se vive la vida, pero no son significativos y no afectan al éxito o al fracaso en la vida.

. . .

El otro tipo de mentalidad, la mentalidad de crecimiento, adora asumir retos porque los ve como una forma de crecer. En lugar de desanimarse cuando fracasan en algo, se sienten más animados a hacerlo mejor porque lo ven como un reto. Esto significa que las personas que tienen este tipo de mentalidad tienen más posibilidades de triunfar porque el fracaso no les asusta.

Hay que entender que la forma de comportarse y de responder a situaciones desconocidas y a nuevas tareas depende del tipo de mentalidad que se tenga. Si a dos personas se les ofrece un ascenso pero con mayores responsabilidades laborales, una tiene una mentalidad fija y la otra tiene una mentalidad de crecimiento, la primera persona con la mentalidad fija probablemente rechazará la oferta, pensando que tal vez no sea capaz de hacerlo porque no tiene las habilidades adecuadas, mientras que la segunda persona aceptará con entusiasmo aunque carezca de las habilidades porque sabe que puede aprenderlas sobre la marcha.

Las personas que tienen una mentalidad fija siempre tienen esta creencia de que necesitan probarse a sí mismas ante los demás una y otra vez. Como creen que su inteligencia, su personalidad y otros rasgos son fijos e inherentes, sienten que los demás deben verlos siempre como inteligentes o altamente capacitados porque si muestran una deficiencia, creen que es su fin. Para estas personas es siempre como un escenario en blanco y negro. O lo tienes o no lo tienes.

Por otro lado, tenemos la mentalidad de crecimiento.

. . .

Las personas que tienen una mentalidad de crecimiento creen que la inteligencia y los rasgos que te tocan en la vida aún pueden desarrollarse y cultivarse. Todo fluye libremente y aún puede cambiarse. El hecho de que hayas nacido de una determinada manera no significa que puedas cambiar. Y debido a esta mentalidad, este tipo de personas tienen más posibilidades de triunfar en la vida porque están abiertas a todo. Esto no significa que crean que cualquiera puede ser lo que quiera ser.

No significa que, con suficiente práctica y entrenamiento, puedas ser tan bueno como Bach o Mozart aunque no tengas ninguna afinidad musical. No significa que puedas ser tan inteligente como Einstein si estudias mucho. Esto no es lo que significa tener una mentalidad de crecimiento. Significa que, sea lo que sea lo que tengas, puedes seguir cultivándolo con el entrenamiento y la práctica adecuados hasta alcanzar todo tu potencial.

Otra diferencia principal entre estas dos mentalidades es que, mientras que una mentalidad fija obtiene la validación de la aprobación externa, una mentalidad de crecimiento promueve la voluntad de aprender. El fracaso no equivale a no ser bueno, sino que se considera parte del proceso de aprendizaje.

Para las personas con una mentalidad de crecimiento, probarte a ti mismo ante otras personas una y otra vez es una gran pérdida de tiempo. En su lugar, puedes dedicar ese tiempo a mejorar en algo. En lugar de fingir que tus deficiencias no existen haciendo repetidamente cosas en las que eres bueno sólo para demostrar a los demás que eres bueno, ¿por qué no prestar atención a estas deficiencias e intentar superarlas?

No te limites a hacer las cosas repetidamente sólo porque sabes que no puedes cometer errores puesto que ya eres un experto en ello. ¿Por qué no te desafías a ti mismo e intentas hacer algo que esté fuera de tu zona de confort? Puede que descubras algo sobre ti mismo: un talento oculto o una nueva habilidad aprendida.

Otro rasgo distintivo de la mentalidad de crecimiento es la perseverancia en la tarea que se está llevando a cabo, incluso si no va bien. La pasión y la motivación, así como el hecho de llevar las cosas hasta el final, forman parte de la mentalidad de crecimiento. Si conoces a alguien a quien la gente describe como resistente, superviviente y que prospera incluso en los momentos más difíciles, es que tiene una mentalidad de crecimiento. Esos consejos que van en la línea de "puedes hacer cualquier cosa si te lo propones" forman parte de esta voluntad de aprender y crecer.

Las personas con una mentalidad fija ven los riesgos, las dificultades y los esfuerzos como signos de su incompetencia e inadecuación. Por eso no quieren ponerse en situaciones incómodas. Para ellos, esforzarse es igual a fracasar. Piensan que el esfuerzo es algo malo y que no es necesario si se tiene talento o inteligencia. En cambio, las personas con una mentalidad de crecimiento veneran el esfuerzo. Esforzarse es lo que les ayuda a adquirir una nueva habilidad o a aprender algo desconocido.

En su mundo, esforzarse es el camino hacia el éxito.

. . .

La mentalidad fija y la de crecimiento se han observado incluso entre los niños pequeños.

Se realizó un experimento con un grupo de niños de cuatro años. Se les dio un rompecabezas fácil de resolver. Después de resolverlo con éxito, se preguntó a los niños si querían volver a hacer el mismo puzzle fácil o pasar a otro más difícil. Algunos niños eligieron trabajar en el mismo rompecabezas fácil mientras que otros, que pensaban que era extraño volver a hacer el mismo rompecabezas, eligieron avanzar a un rompecabezas más difícil. Esto sólo demostró que a una edad temprana, este tipo de mentalidad básica ya existe.

Seguramente también te habrás dado cuenta de que algunos niños en el aula tienen miedo de levantar la mano y hacer preguntas. Algunos pueden ser tímidos, y eso es otra cosa. Pero otros tienen miedo de que su profesor y sus compañeros piensen que son estúpidos porque hacen preguntas.

Otro estudio interesante sobre estas dos mentalidades se realizó en Columbia. Después de responder a una serie de preguntas difíciles, algunas personas sólo se centraban en si sus respuestas eran correctas o no, y no prestaban atención cuando se les enseñaba a mejorar sus errores. Ya archivaban estas respuestas erróneas como fracasos. Los otros sujetos, en cambio, escucharon atentamente la información sobre cómo pueden mejorar sus respuestas. Su principal objetivo es hacerlo mejor la próxima vez y no sólo ver si han acertado todas las respuestas.

. . .

Se realizó otro experimento sobre estos dos tipos de mentalidad. Se dio a dos grupos de estudiantes un examen bastante fácil de responder y todos obtuvieron una gran puntuación. El primer grupo fue elogiado por su inteligencia: "¡Has sacado una gran puntuación! Eres muy inteligente". El segundo grupo fue elogiado por su esfuerzo: "¡Has sacado una buena nota!

Qué estudiante tan trabajador". Cuando se les dio a elegir qué tarea hacer a continuación, el primer grupo eligió inmediatamente las que eran fáciles porque no querían cometer un error y querían mantener la imagen positiva que los demás tenían de ellos. Los alumnos del segundo grupo eligieron tareas más difíciles porque se les elogia por su duro trabajo. Y cuanto más difícil es la tarea, más trabajo tienen que hacer. Esto también demuestra que la forma en que la gente elogia a los demás, especialmente los niños, afecta a la mentalidad de una persona cuando crece.

A medida que las tareas se volvían más difíciles y desafiantes, los estudiantes con una mentalidad fija se divertían cada vez menos, lo que era totalmente opuesto a la experiencia de diversión que tenían los estudiantes con una mentalidad de crecimiento. También se produjo un descubrimiento inquietante cuando se administró a los estudiantes una prueba de inteligencia y se les pidió que pusieran sus puntuaciones. Algunos estudiantes que se observó que tenían una mentalidad fija tenían la tendencia a mentir. Escribieron una puntuación superior a la que realmente obtuvieron. Esto se debe a que ven las puntuaciones bajas como deficiencias, lo que significa que no son lo suficientemente buenos.

. . .

Las personas con una mentalidad fija piensan que el éxito proviene de ser superior a los demás en términos de inteligencia y talento. Por otro lado, las personas con una mentalidad de crecimiento piensan que trabajar duro conduce al éxito.

Estas observaciones no sólo se encuentran en las aulas o en los entornos empresariales. También se puede observar en las relaciones personales. Las personas con mentalidad fija tienen en mente un hombre o una mujer ideal, una idea de cuento de hadas de las relaciones. Si su pareja se queda corta o si la relación no está a la altura de sus expectativas, se sentirán decepcionados e infelices. Por eso algunas personas no pueden ser felices en sus relaciones porque siempre están buscando a alguien mejor que esté a la altura de sus expectativas. La verdad es que esto es imposible porque el hombre o la mujer perfectos no existen. Y como siempre se dice, la hierba siempre es más verde en el otro lado.

La clave para tener una relación exitosa es trabajar duro por ella, como hacen las personas con mentalidad de crecimiento. Creen que su relación es un trabajo en curso. Y siempre se puede mejorar, tanto para ellos como para su pareja. Las personas que tienen este tipo de mentalidad son más felices y están más contentas con sus relaciones porque creen que cualquier defecto u obstáculo puede solucionarse. Son las personas que capean el temporal con su pareja, que no piensan automáticamente en romper o divorciarse sólo por un error. Sin embargo, hay que tener en cuenta que también hay que saber cuándo hay que alejarse. Si la relación es tóxica o abusiva, y has hecho todo lo posible por tu parte, entonces quizá sea el momento de abandonar.

Conoce la diferencia entre trabajar en una relación porque sabes que tienes algo bonito, y tolerar o sufrir aunque la relación no vaya a ninguna parte.

Basándonos en esto, ¿qué tipo de mentalidad crees que tienen los espartanos y las Fuerzas de Operaciones Especiales? Estas personas extraordinarias tienen una mentalidad de crecimiento. Por supuesto, la mayoría de ellos probablemente ya tienen las habilidades y los talentos desde el día en que nacieron, pero ayudó mucho que tuvieran un entrenamiento que potenciara aún más sus habilidades innatas.

4

La Mentalidad De Un Guerrero Espartano De Élite

A ESTAS ALTURAS ya conoces la reputación de los guerreros espartanos como soldados de élite a tener en cuenta. Eran dominantes y la mayoría de las fuerzas militares antiguas, no sólo en Grecia, sino también en los países vecinos, temían a los espartanos. ¿Cómo es que estos hombres siempre salían victoriosos? ¿Cómo lograban siempre la victoria sin importar las circunstancias?

Los espartanos tenían una mentalidad singular o en blanco y negro cuando se trataba de la guerra: el único objetivo era ganar. Nada más y nada menos. Aunque hicieran todo lo posible y las probabilidades estuvieran en su contra, seguirían siendo considerados fracasados por sus familias y otros ciudadanos si perdían. Por eso era inimaginable que un guerrero espartano perdiera, porque no sólo perdería la guerra, sino también el propósito de su vida. Antes de ir a la guerra, debían confiar al 100% en sus capacidades. Las dudas y los cuestionamientos no tenían cabida si querían tener éxito.

. . .

Entonces, ¿qué tipo de preparativos hicieron los espartanos? Los siguientes párrafos te contarán más sobre los espartanos: cómo se preparaban y su fascinante mentalidad a la hora de ganar. Seguramente te inspirará a ser como ellos porque son el tipo de personas que logran todo lo que quieren sin importar lo que se propongan.

- La apariencia es una poderosa herramienta de autoconfianza

A veces, hay días en los que no te sientes seguro de ti mismo por tu aspecto. También hay días en los que te miras al espejo y no puedes evitar pensar en lo bien que te ves y eso aumenta tu confianza al instante. Mucha gente dice que centrarse en el aspecto físico es algo superficial y que su apariencia no debería ser la base de su confianza en sí mismo. Pero no se puede negar el hecho de que el aspecto físico desempeña un papel importante en cómo te sientes con respecto a ti mismo. Lo que hace que sea negativo es cuando te basas únicamente en tu aspecto físico para conseguir confianza en ti mismo.

Echemos un vistazo a los espartanos. Si crees que sólo se centraban en el entrenamiento y las habilidades, te equivocas porque los espartanos también prestaban mucha atención a su aspecto. Se aseguraban de que su reputación de enemigos formidables coincidiera con su aspecto. Esto les ayudaba mucho a la hora de intimidar a sus oponentes incluso antes de que comenzaran sus ataques. El simple hecho de mirar a los espartanos inspiraba miedo y temor a sus enemigos.

. . .

Además de su destreza física, los espartanos eran conocidos por aterrorizar a sus enemigos con su aspecto físico. Antes incluso de que sacaran sus armas, sus enemigos empezaban a sentir miedo, no sólo porque la reputación de los espartanos les precedía allá donde iban, sino también por su aspecto.

Llevaban una túnica escarlata y una capa que se quitaban antes de empezar a luchar. Según los historiadores, el color escarlata fue elegido para su atuendo en el campo de batalla porque era el color más adecuado para la guerra y no era comúnmente utilizado en la ropa de las mujeres. Otra teoría es que el escarlata es el color de la sangre, y cualquier herida o lesión, signo de debilidad, quedaría bien oculta porque la sangre se fundiría con la ropa. El enemigo no sabría si estaba infligiendo heridas a su enemigo espartano porque no podría distinguirlas. Esto reforzaría aún más su reputación de ser formidables porque los enemigos dirían que por mucho que atacaran a un guerrero espartano, éste no se hería fácilmente.

Los guerreros espartanos también cuidaban sus escudos y armaduras, que colgaban de sus brazos sobre la túnica que llevaban. Antes de ir a la guerra, pulían su escudo y su armadura hasta que brillaban y resplandecían bajo el sol. Desde lejos, los enemigos veían el brillo del conjunto de guerra de los espartanos.

Otro aspecto de su apariencia al que los espartanos prestaban mucha atención era su cabello. El pelo largo había sido un estilo popular en la antigua Grecia.

. . .

Pero cuando otras ciudades-estado cambiaron sus peinados por cortes más cortos, los espartanos no siguieron la tendencia y mantuvieron su pelo largo. Creían que el pelo largo simbolizaba la libertad, y querían que otros guerreros vieran que los espartanos eran hombres libres. Además, creían que el pelo largo era beneficioso tanto para los hombres guapos como para los que no lo eran. El pelo largo realzaba el aspecto apuesto de un hombre espartano y, al mismo tiempo, hacía más temible a un hombre espartano "feo" (palabra de Plutarco). Los guerreros de élite de Esparta se preocupaban por estar siempre bien arreglados. Llevaban el pelo largo, pero a menudo trenzado, y lucían una barba que se recortaba con regularidad.

Pero el equipo más emblemático de los espartanos era su casco.

Su casco se convirtió en un icono de su destreza hasta el día de hoy. Era de bronce y cubría toda la cara excepto los ojos y la boca. En la parte superior del casco había una cresta de crin de caballo que aumentaba su apariencia de altura sobrecogedora.

Este casco coronado de crin de caballo daba la ilusión de que los enemigos no sólo luchaban contra simples seres humanos, sino contra una máquina que no podía ser apagada y derrotada. El temor que inspiraba el casco por sí solo era algo que hasta el más valiente de los guerreros de la antigüedad había experimentado.

El aspecto de los espartanos infundía miedo al enemigo incluso antes de que comenzara la guerra.

. . .

Luego, cuando los enemigos tenían que volver a casa derrotados, contaban lo formidables que eran los espartanos incluso antes de empuñar sus armas. Esto, a su vez, consolidaría su reputación de ser los guerreros más fuertes de todos.

Si lo miras desde el punto de vista de una persona moderna y si lo aplicas a tu propia vida, estarás de acuerdo en que la forma en que te ves tiene mucho efecto en tu confianza en ti mismo. Por ejemplo, si vas a una entrevista, llevar un atuendo que te haga parecer un jefe seguramente aumentará tu confianza y al mismo tiempo impresionará a tu entrevistador.

O cómo vestir de rojo hace que una mujer se sienta más segura y seductora que si lleva algo más suave como el rosa.

- Un ritual previo a la entrevista es imprescindible

¿Te has dado cuenta de que muchas personas de éxito tienen rutinas que hacen indefectiblemente antes de empezar el día?

Los espartanos también tenían que hacer diferentes tipos de actividades antes de entrar en el campo de batalla. Los días previos a la batalla estarían llenos de ejercicios físicos y de más entrenamiento e instrucciones militares. El desayuno se intercalaba entre estos entrenamientos, pero la mayor parte del día se dedicaba a actividades físicas, incluyendo competiciones deportivas.

. . .

Y si piensas que los espartanos no prestarían tanta atención a su apariencia porque todavía se estaban preparando, te equivocas porque todavía se arreglarían el pelo, se recortarían la barba y pulirían su armadura y casco incluso durante el entrenamiento. Esto no significa que sean vanidosos.

Esto sólo mostraba su compromiso de estar siempre en su mejor forma posible, incluso cuando la guerra ni siquiera había comenzado.

Incluso se cuenta que el rey Jerjes de Persia ordenó a un explorador que espiara a los espartanos antes de que comenzaran la histórica batalla de las Termópilas. El explorador vio a los hombres espartanos arreglándose el pelo y haciendo algunos ejercicios físicos sin la ropa puesta. Los espartanos creían que el miedo se apoderaba de uno si estaba ocioso. Es importante mantenerse ocupado para que no haya tiempo para hablar y para dudar. Si sigues adelante y te mantienes activo, te sentirás inspirado para hacer más.

En el mundo actual, hay que mantenerse activo para no tener tiempo de pensar en cosas negativas. Si haces constantemente algo productivo, te olvidarás de tus dudas e inseguridades. Al mismo tiempo, perfecciona tus habilidades practicando cada día. También mejora tu salud mental al no revolcarte en las cosas negativas.

- Puedes ser a la vez reverente y feroz

Autoconfianza Inquebrantable

Los espartanos eran conocidos por confiar en sus habilidades, su fuerza física y sus capacidades mentales, pero ¿sabías que también eran una sociedad que creía en los dioses y en una fuerza superior a ellos mismos que puede ayudarles a triunfar?

Los espartanos no tenían miedo, pero no cuando se trataba de sus dioses. Pueden parecer un grupo de guerreros tan seguros de sí mismos que probablemente no creían en pedir ayuda a ningún ser espiritual. Y tenían todo el derecho a creer únicamente en sí mismos, pero no lo hicieron.

En cambio, cada vez que necesitaban ir a un gran evento o campaña o incluso a una batalla importante, primero consultaban los oráculos y hacían los sacrificios necesarios. Prestaban atención a los presagios y señales y sus decisiones estaban muy influenciadas por la censura o sanción de sus dioses. A los jóvenes espartanos se les enseñaba a temer a los dioses y éste era uno de los principios y fundamentos básicos de la moral espartana. Puede que no lo parezca, pero los espartanos eran piadosos y era uno de los pilares de su moral y su éxito.

Además, valoraban más sus obligaciones religiosas que sus deberes militares. Esto es chocante teniendo en cuenta su reputación en aquel entonces e incluso hasta ahora, pero es la verdad. De hecho, durante la batalla de Maratón, los espartanos retrasaron el despliegue de sus guerreros porque coincidía con un importante evento religioso. El famoso rey Leónidas también envió sólo un pequeño grupo de hombres a las Termópilas en lugar de una gran fuerza porque también estaba en medio de una ceremonia religiosa.

. . .

Algunos dirán que esto era piedad o superstición. Otros dicen que fue humildad o el reconocimiento de que hay una fuerza mayor que dicta nuestro destino y que tus habilidades, tu perspicacia mental y tu talento no pueden hacer mucho. Los dioses y las fuerzas espirituales siguen teniendo una influencia mucho mayor y significativa en los éxitos de tu vida.

Los espartanos creían en sí mismos y en lo que podían hacer, pero también eran humildes por su creencia en una fuerza mayor. Probablemente por eso eran unos guerreros tan formidables. Tenían confianza en sí mismos, pero su piedad templaba esta confianza que les ayudaba a tomar decisiones calculadas.

No es necesario creer en un dios o en una fuerza superior. Lo más importante es que tener confianza en uno mismo es importante, pero reconocer tus límites es igual de importante.

- Para construir la fuerza, hay que aguantar

El estilo de lucha en la época de los espartanos era la guerra de falanges, lo que significa que los soldados se situaban cerca unos de otros y luchaban contra sus enemigos codo con codo.

Este tipo de guerra requiere resistencia, fortaleza y agallas mucho más que velocidad, inteligencia y agilidad. Los tres primeros términos se refieren a la resistencia. Si lo piensas, la resistencia era lo que necesitaban para tener éxito en este tipo de guerra.

. . .

Necesitaban ser disciplinados y comprometerse para alcanzar el objetivo final. Necesitaban mantenerse firmes y perseverar hasta el final.

En la guerra de falanges no necesitaban necesariamente muchos de los tres segundos grupos de rasgos.

Esta es la razón principal por la que el entrenamiento de los agogos se basaba en la resistencia. Los soldados que se entrenaban recibían poca comida, una sola prenda de vestir, camas incómodas hechas de caña y muchas otras dificultades que tenían que soportar, por no hablar de las pruebas atléticas y los ejercicios físicos.

Estas dificultades no eran un castigo, sino que formaban parte de su formación. Les enseñaban a ser adaptables y a adquirir una gran tolerancia al dolor y a las situaciones difíciles. Se trataba de la dureza mental y de aguantar hasta conseguirlo.

La ventaja era que también servía de entrenamiento físico. La fuerza de la que hablaban aquí era la fuerza mental. Se necesita fuerza mental para tener éxito en la vida. Cuando estás bajo mucha presión, tu mente y tu espíritu no deben quebrarse fácilmente. Lo mismo ocurre con la confianza. Si sabes que puedes hacerlo en los momentos más difíciles, y sabes que puedes aguantar, te dará más confianza para afrontar cualquier reto que te plantee la vida. La confianza se adquiere perseverando y no rindiéndose hasta alcanzar el objetivo.

- Menos es más

En los tiempos modernos, la palabra Esparta se asocia siempre con la austeridad, la frugalidad, la sencillez y el minimalismo. De hecho, el dicho "menos es más" fue acuñado por Chilón, uno de los siete sabios de Grecia que procedía de Esparta. Este era el principio rector de toda la sociedad espartana, desde la ropa que llevaban, su dieta y las palabras que salían de su boca. Pensaban que el lujo era una pérdida de tiempo y de recursos y que estaba bien ser un poco incómodo por el bien de algo mucho más grande.

Cuando se trata de hablar, el dicho "menos es más" se observaba mucho entre los espartanos. Y hoy en día, utilizamos el término 'lacónico' para referirnos a hablar con pocas palabras elegidas. Cuando hablaban, se aseguraban de que las palabras fueran intencionadas. Sería un desperdicio de energía divagar y decir un montón de palabras sin transmitir realmente nada.

También creían en las respuestas cortas pero inteligentes. Hay una historia sobre Filipo II que envió un mensaje a Esparta.

Decía que si lograban entrar en Esparta, quemaría la ciudad hasta los cimientos. ¿Y la famosa respuesta que recibió de los espartanos? "Si". Corto pero dulce y directo al grano. Sin duda, el mensaje se transmitió. Otra historia fue la de un soldado que luchó en las Termópilas. Se quejó a Leónidas de que los soldados persas disparaban tantas flechas que La luz del sol se ocultaba temporalmente. Leónidas respondió que entonces tendrían que luchar bajo la sombra.

. . .

Al principio, otras ciudades-estado griegas pensaron que los espartanos eran estúpidos.

Pero, según Sócrates, se trataba de una táctica para engañar a los enemigos y hacerles creer que los espartanos sólo eran fuertes físicamente, pero que tenían problemas intelectuales. Sin embargo, este no es el caso, porque los espartanos eran personas muy educadas que estudiaban filosofía y lenguaje. Al igual que luchaban en las batallas, en las que primero apuntaban con cuidado antes de soltar sus lanzas, también hablaban y respondían de forma deliberada para asegurarse de que sus palabras dieran en el blanco. Sus palabras cortas y concisas también resultaban beneficiosas a la hora de gritar órdenes en el caótico campo de batalla.

La verdad es que los espartanos hablaban de forma deliberada porque querían asegurarse de que sus palabras contaran. Esto también es cierto cuando se trata de desarrollar la confianza en uno mismo. Cuando hables, intenta no divagar y ve directo al grano. Algunas personas creen que cuanto más dicen, más inteligentes son, cuando no es así. No tengas miedo al silencio si necesitas ordenar tus pensamientos antes de hablar. No digas automáticamente lo que se te ocurra. Además de hablar, también debes evitar depender de las posesiones materiales para aumentar tu autoestima. Adquirir un montón de cosas sólo porque crees que van a mejorar tu imagen no es lo correcto. En lugar de eso, intenta hacerte con piezas selectas que sean de alta calidad y duren mucho tiempo. Cualquier cosa de alta calidad aumentará tu confianza. Además, no tendrás la sensación de arrepentimiento tras comprar algo que no necesitas o no quieres.

. . .

Menos es más también se aplica a la gente que te rodea. Puede que estés rodeado de muchos "amigos", pero ¿merecen todos tu tiempo y energía? Algunos incluso pueden hacer que tengas poca confianza en ti mismo. Rodéate de gente positiva que no quiera otra cosa que verte triunfar y trata de eliminar de tu vida a quienes no te causan más que dolor y dudas.

- Domina tu oficio

La confianza en uno mismo proviene de saber lo que tienes que hacer de memoria. Si tienes conocimientos y destreza en tu campo, te sentirás seguro al realizar tus tareas y lograr tu objetivo. Los espartanos creían en el enfoque único y en no perder de vista lo que se supone que debes hacer de la mejor manera posible. Los espartanos eran conocidos como guerreros. No se esperaba de ellos que cultivaran la tierra o se dedicaran al comercio, ya que otros grupos de la sociedad se encargaban de ello. Para los guerreros de élite, sólo tenían que centrarse en una cosa, y es vencer con éxito a los enemigos que se les presentaban. Su principal objetivo era convertirse en el mejor guerrero de su tiempo.

Los espartanos también sabían otras cosas. Algunos eran escultores, poetas, músicos, bailarines y filósofos. Otros destacaban en las competiciones de atletismo. Sin embargo, estos otros esfuerzos culturales giraban en torno a su objetivo final, que era convertirse en el mejor guerrero que pudieran ser. Para ellos, la forma más elevada de excelencia era dominar el arte de la guerra, porque ese es su dominio. ¿Has oído alguna vez el dicho "el que todo lo sabe, todo lo sabe"? Esto es algo que no se puede decir de los espartanos, ya que se propusieron dominar su campo de acción; todo lo demás era secundario. No se oía hablar de la guerra porque era su forma de vida.

Todo giraba en torno a ganar batallas y convertirse en los mejores soldados. Se les disuadía de dedicarse a otros oficios, como el comercio o la agricultura. Tampoco se les permitía poseer monedas de plata u oro porque el comercio y el deseo de riqueza les distraería de su objetivo final. Su oficio era la guerra. Y ellos eran los artesanos de la guerra.

La principal diferencia entre los espartanos y otros soldados era que la guerra era una forma de vida para los espartanos. Incluso cuando no había guerra, tenían que entrenar porque eran soldados a tiempo completo. Los soldados de otras naciones sólo se entrenaban durante un tiempo, iban a la guerra y luego volvían a lo que fuera que estuvieran haciendo, ya fueran agricultores, comerciantes o artesanos. Por eso se convirtieron en los mejores soldados no sólo de su época, sino también de los tiempos modernos. Muchas de las reglas y el ethos al que se adhieren los soldados de la época moderna se basaron en las tácticas y estrategias de guerra de los espartanos.

Para la mayoría de la gente, un guerrero espartano era igual a varios guerreros de otras ciudades-estado. Así de grandes eran en lo que hacían.

Puedes tener más confianza en ti mismo si eres un experto en lo que haces. Sé más como los espartanos. Cuando tenían un objetivo, ponían todo su corazón en conseguirlo. Y los resultados fueron fenomenales.

Todo lo que sea a medias o a base de chapotear en algo no servirá. Tienes que trabajar en ello a tiempo completo si quieres tener el tipo de confianza que te llevará al éxito.

- Aprende a luchar desde el hábito

Se puede decir que luchar en la guerra y entrenarse para ello era el hábito de un soldado espartano. Desde el día en que nacían y la adolescencia, hasta la edad adulta y la vejez, la vida de un espartano consistía en luchar en una guerra. Por eso la lucha se convirtió en un hábito para ellos. Era como una parte de las muchas rutinas de su vida. Al igual que los hombres modernos van a trabajar todos los días para ganarse la vida. El arte de la guerra les fue inculcado desde una edad muy temprana. Formaba parte de su ser. Imagínense entrenar para la guerra cientos de veces más que un soldado griego promedio. Luchar era algo natural para estos guerreros de élite. Lo que les hizo perder el miedo a las circunstancias desconocidas de la guerra fue su familiaridad con ella. Después de todo, habían estado entrenando para ello toda su vida. Y los soldados de temporada sentían incomodidad y miedo porque no estaban acostumbrados. No estaban tan preparados como sus homólogos lacónicos. Sabían que habría dificultades, pero sus preparativos no eran suficientes, a diferencia de los espartanos, cuyo entrenamiento era probablemente más difícil que la propia batalla.

En cambio, estos soldados de temporada luchaban con sus emociones. Se mentalizaban y se decían a sí mismos que podían hacerlo. Se animaban los unos a los otros, pero al final del día, luchar por costumbre ganaba por goleada a luchar por sentimiento.

Una persona que haya crecido comiendo carne estará más dispuesta a probar subproductos cárnicos como los intestinos que una persona que haya crecido siendo vegetariana. La analogía se sale un poco del tema, pero demuestra que el hecho de haber crecido con algo hará que te resulte más fácil enfrentarte a ello más adelante en la vida que si te lo encuentras recientemente o por primera vez.

Si vas a aplicar esto a la construcción de la confianza en uno mismo, sólo te dice que tienes que crear un hábito si quieres tener confianza mientras lo haces. Si quieres ser una persona segura de sí misma en general, sólo trata de desafiarte siempre haciendo cosas desconocidas, y muy pronto, no te resultará difícil aceptar nuevos retos en la vida y tendrás más confianza haciendo cosas nuevas.

Ahora que conoces los secretos de los formidables soldados espartanos, deberías echar un vistazo al tipo de mentalidad que tienen las fuerzas de Operaciones Especiales.

5

La Mentalidad De Un Soldado De Operaciones Especiales

El equivalente moderno más cercano a los espartanos son probablemente las fuerzas de operaciones especiales. Estos guerreros están entrenados no sólo para luchar, sino para llevar a cabo misiones de operaciones especiales y tareas que no están incluidas en la responsabilidad de un soldado regular, como la lucha contra el terrorismo, la infiltración, el espionaje, etc. Un miembro de cualquier unidad de Operaciones Especiales debe tener la mentalidad adecuada si quiere tener éxito en sus tareas. Estas son algunas de las cosas que deberías probar si quieres tener la mentalidad de un soldado de élite.

- Activa tu modo de supervivencia

Si sabes que lo que tienes que hacer es una cuestión de vida o muerte, tendrás una mayor motivación para tener éxito. Los soldados de élite suelen enfrentarse a decisiones que les harán vivir o morir.

. . .

A veces, es incluso peor porque tienen que pensar no sólo en su propio bien, sino en el de su equipo, o incluso en el de toda una nación. A veces, sus acciones y decisiones afectarán incluso al destino del mundo entero. Por eso no hay lugar para las dudas si se forma parte de este equipo de élite. Cuando estás conduciendo y el coche que te precede se detiene de repente sin previo aviso, no tienes el lujo de pensar si debes dar un volantazo o poner el freno. Sólo tienes que seguir con confianza tu primer instinto, porque decidir dar un volantazo a la izquierda o a la derecha y cambiar de opinión una fracción de segundo después para poner el freno puede provocar un desastre aún mayor.

Esto se puede aplicar a tu viaje para lograr la confianza en ti mismo. Si sabes que necesitas la confianza para sobrevivir en este mundo de perros, entonces harás todo lo posible para construir tu confianza. Si sabes que el techo sobre tu cabeza y la comida en tu plato dependen de que aceptes nuevas tareas con mayores responsabilidades, entonces reunirás todo lo que tengas para conseguir esa confianza que necesitas. Si sabes que tu familia depende de ti, y todo lo que necesitas es tener la confianza para intentarlo, entonces tendrás una mayor motivación para ir a por ello. Sólo con tener la mentalidad adecuada y pensar que necesitas la confianza en ti mismo para sobrevivir, lo conseguirás.

- Ten siempre un plan de escape

Esta es una de las cosas que enseñan las fuerzas de operaciones especiales: buscar siempre un posible plan de escape cuando se va a algún sitio, especialmente si es territorio enemigo.

. . .

Estos soldados de élite casi siempre se encuentran en situaciones que requieren un plan de escape. Por eso, cuando planean un ataque, siempre estudian primero la zona o el edificio. Comprobarán los puntos de entrada y salida y buscarán una ruta de escape que puedan tomar, especialmente si las cosas no salen según lo previsto. Tanto si se encuentran en un lugar conocido, como un Starbucks local, como en una oficina gubernamental en algún lugar de Afganistán, se asegurarán de saber dónde ir cuando las cosas se pongan feas.

Esto también es cierto cuando se trata de crear la mentalidad adecuada para el éxito. Es como tener un plan B. Por ejemplo, si decides invertir una gran parte de tus ahorros en un negocio, debes tener un plan B por si el negocio no tiene éxito. Es como un seguro que le dará no sólo confianza, sino también tranquilidad. Puedes dejar una pequeña parte de tus ahorros sin tocar o puedes pedir a tus padres que te presten dinero de antemano en caso de que tu negocio fracase. Los planes de escape te dan confianza porque sabes que, pase lo que pase, tendrás un recurso o algo con lo que podrás volver a trabajar desde cero.

- Empezar el día temprano

¿Has oído alguna vez que alguien te diga que empieces el día por la tarde si quieres tener éxito en la vida? El consejo más común que dan no sólo las unidades de operaciones especiales, sino también los entrenadores de vida y las personas de éxito, es empezar el día temprano. Al que madruga Dios le ayuda y todo eso. Hay que empezar el día temprano para conseguir mucho más. Además, casi todos los negocios abren por la mañana.

. . .

Podrás terminar todo lo que tienes que hacer a tiempo y puede que aún te quede tiempo extra para hacer otras cosas porque ya has terminado lo que tenías que hacer. Levantarse antes que los demás te da una sensación de tranquilidad y la energía necesaria para empezar y terminar a tiempo. Los militares suelen despertarse temprano para hacer ejercicio porque no hay nada mejor que hacer footing justo cuando el sol está a punto de salir, respirar ese aire fresco y escuchar el sonido de los pájaros. Aunque hacer ejercicio es la mejor actividad de la mañana, también puedes probar otras cosas como escribir un diario, trabajar en el jardín o simplemente desayunar temprano por la mañana.

Intenta prestar atención a tu día cuando te levantes temprano.

Te darás cuenta de que eres más productivo y logras mucho más que si te levantas tarde. Esto te hace estar más seguro de cómo se va a desarrollar tu día porque ya has empezado temprano. Saber que todavía tienes mucho tiempo para terminar lo que tienes que hacer te hace sentir más seguro. La procrastinación no tiene cabida cuando se trata de aumentar tu confianza en ti mismo porque sólo te sentirás agitado al saber que tu fecha límite está a punto de cumplirse pero que aún te quedan muchas cosas por hacer.

- Confía en tu instinto

Los soldados que luchan en el extranjero casi siempre utilizan su instinto a la hora de tomar decisiones. Si no se sienten bien en un determinado lugar o situación, tratarán de evitarlo no entrando en él.

No hay una explicación lógica para esto, pero es mejor que escuches lo que te dice tu instinto. La mayoría de las veces es correcto y esto ha salvado muchas vidas muchas veces. Los soldados se sienten extraños en una zona determinada y no la atraviesan, sino que buscan una ruta alternativa. Más tarde, descubrirán que un convoy ha sido emboscado por atacantes desconocidos.

Sea lo que sea, es tu intuición la que te dice que estás en peligro y que debes probar un camino diferente. Tienes que aprender a confiar con seguridad en tu instinto cuando algo te resulte extraño. Esto significa simplemente que tienes que confiar en ti mismo a la hora de tomar decisiones. No se puede explicar con la razón, pero confiar en tu instinto y seguir con confianza lo que te dice puede llevarte al éxito. Algunos dicen que la intuición es la sabiduría de años de experiencia que te dice lo que hay que hacer. El instinto siempre ha estado ahí desde que eras un niño, pero el tipo de dilemas que tienes como adulto son, por supuesto, más serios y afectan a tu vida en general.

- Aprende a leer a la gente

No puedes tener confianza si no sabes con quién estás tratando. Recuerda que la mayoría de las veces, no te sientes seguro porque no estás familiarizado con la situación. En este caso, no sabe a qué se enfrenta. Un consejo dado por un soldado de las Fuerzas Especiales es que siempre sospeches de la gente que te rodea. Esto les mantiene siempre alerta. Una persona que siempre está de acuerdo automáticamente con todo lo que dices parece sospechosa.

· · ·

Debe ser realmente estúpido o está desesperado por estar en tu lado bueno. Cualquiera de las dos cosas no es bueno para tu equipo.

Es importante saber si una persona es auténtica o tiene un motivo oculto. De este modo, podrás responder de forma adecuada y segura. No es necesario tener los poderes de un vidente para poder entender a la gente. Sólo tienes que prestar mucha atención y estar atento a la forma en que hablan y se comportan.

Otra forma en la que puedes aplicar esto a tu viaje para construir la confianza en ti mismo es cuando necesitas conocer el tipo de personas con las que trabajas. Si tienes que hacer una presentación ante tus jefes, tienes que entender las cosas que tus jefes buscarán en tu presentación. Al saber lo que quieren ver, podrás preparar mejor tu informe y te sentirás más cómodo cuando hables delante de ellos, porque sabes que les estás dando la información que buscan. Lo mismo ocurre cuando solicitas un puesto de trabajo. Infórmate de los antecedentes de la empresa y del tipo de trabajo que realizan para tener una idea de en qué te estás metiendo.

- Cuidar la apariencia

Los espartanos también creían en cuidar su aspecto para infundir miedo a sus enemigos y también para sentirse más seguros de sí mismos. La gente de Operaciones Especiales también hace lo mismo. Los militares, ya sea que trabajen en unidades de Operaciones Especiales o en unidades regulares, son conocidos por estar impecablemente vestidos y arreglados.

Autoconfianza Inquebrantable

Es posible que veas a los hombres de Operaciones Especiales siendo informales y luciendo la sombra de las 12 en punto o el pelo despeinado, pero sólo lo hacen cuando necesitan mezclarse con la multitud o cuando tienen que ir de incógnito.

De lo contrario, no podrán llevar a cabo sus tareas encubiertas.

La forma en que los espartanos se vestían y arreglaban puede ser completamente diferente de la forma en que los soldados de hoy en día cuidan su aspecto físico, pero la idea es la misma: su aspecto es importante para afrontar cualquier tarea con éxito.

En las zonas de combate, estos soldados de élite siempre intentan ir bien arreglados y afeitados según las circunstancias.

Su uniforme y sus armas están limpios, bien mantenidos y siempre en orden. A veces, el entrenamiento les hace sentirse como animales salvajes, pero aun así se espera que tengan una buena higiene. Lavarse los dientes por la mañana les sube la moral hasta un 13%.

También deben aprender a prestar atención a su ropa. No es necesario que seas tan pulcro y ordenado como los militares, pero al menos intenta planchar tu ropa arrugada, lleva ropa de tu talla y asegúrate siempre de estar presentable. Si te ves seguro de ti mismo, te sentirás más seguro de ti mismo.

- Elabora un plan de batalla

Sabes muy bien que los militares no atacan simplemente cuando les apetece. Es un asunto complicado que requiere una cuidadosa planificación. Antes de ir al campo de batalla, lo preparan todo, desde las armas que deben utilizar y el número de hombres que deben desplegar, hasta la inspección de la zona y la comprobación de los planes de huida. Hay muchas cosas que necesitan planificar e incluso los ataques de emergencia tienen algún tipo de plan suelto. También tienen planes para diferentes escenarios posibles.

Esto es aplicable a tu vida diaria. Trazar un mapa de tus objetivos y hacer una lista de todo lo que tienes que conseguir en un momento determinado te facilitará la consecución de tus objetivos en la fecha prevista o antes. Por ejemplo, si tienes que presentar un informe financiero de todo el mes de febrero antes de que acabe la semana, tienes que asegurarte de que todo está planificado. Intenta terminar las dos primeras semanas el primer día y las dos últimas el segundo. Esto te dará mucho tiempo para ajustar y finalizar todo y también para practicar en caso de que tengas que presentarlo a tu jefe.

Al tener una lista de las cosas que tienes que hacer, te sentirás más seguro porque ya tienes un plan que te ayudará a cumplir con todo lo que tienes que hacer en el día y antes de la fecha límite.

- Enfócate

En las unidades de Operaciones Especiales, siempre tienen un objetivo que deben alcanzar utilizando una de sus muchas habilidades y conocimientos.

Es importante mantenerse concentrado en este objetivo y no distraerse con otras cosas. En el campo de batalla, los soldados tienen que permanecer concentrados en su objetivo, de lo contrario se encontrarán en una situación difícil. Si tu objetivo es caminar hacia el oeste durante una hora para llegar a tu destino, tienes que centrarte en eso y no distraerte con otras cosas que veas por el camino.

Esto también es cierto cuando se trata de tu vida en este momento. Si tienes un objetivo a largo plazo, mantén siempre la vista en tu objetivo para no distraerte. Si tu objetivo es ganar el 20% de tus ahorros cada mes para poder permitirte una casa en un par de años, tienes que mantenerte firme y no dejarte tentar por todas las rebajas y promociones que recibas en tus correos electrónicos y textos. Aunque salgas con tus amigos, resiste la tentación de comprar cosas que no necesitas y, en cambio, recuérdate siempre por qué necesitas ahorrar dinero.

Dígase siempre que en el futuro tendrá una casa que podrá llamar suya y que ya no necesitará alquilar y compartir con compañeros de piso. Intenta recordar por qué estás haciendo estos sacrificios para que te mantenga motivado y no pierdas de vista lo que quieres conseguir.

Cómo convertirse en un líder seguro de sí mismo

Los soldados de Operaciones Especiales tienen que someterse a un entrenamiento de liderazgo porque lo más probable es que se encuentren en una posición de liderazgo muchas veces en sus carreras. Ya sea un equipo de dos hombres o un batallón entero, un líder debe dirigir con confianza.

Sólo hay dos tipos de líderes en cualquier entorno, ya sea militar, empresarial o gubernamental: los eficaces y los ineficaces. Si usted es un líder eficaz, puede conducir a su equipo hacia sus objetivos utilizando prácticas justas y razonables. Si es ineficaz, carece de la capacidad de empujar a todo el equipo para lograr su objetivo. Todo líder quiere ser un líder eficaz. Y si aspiras a ocupar un puesto de liderazgo en tu empresa o en cualquier otro lugar de tu vida, deberías echar un vistazo a los siguientes párrafos.

- Autoridad

Puede que pienses que esto es obvio, pero no creerías la cantidad de líderes que no ejercen autoridad sobre su equipo.

Tener autoridad no significa que haya que ser el mejor y el más experto o hábil de su equipo, aunque ayudará si el líder está muy capacitado y tiene muchos conocimientos. La autoridad es algo que no se puede exigir ni aprender. Al igual que la confianza, se gana. Un líder se la gana tras demostrar su buen juicio tomando decisiones acertadas y siendo fiable ante sus compañeros. Puede parecer fácil crear autoridad, pero requiere mucho tiempo y experiencia con el equipo.

Tienes que ser una presencia tranquilizadora cuando las cosas se ponen feas. Debe ser el primero al que busquen para pedir consejo cuando lo necesiten.

Tu equipo debe buscarte para que lo guíes. Por eso un líder debe predicar con el ejemplo si quiere crear autoridad sobre su equipo. Si predica con el ejemplo, los miembros del equipo le seguirán incluso sin que se lo diga. Como líder, debe aprender a escuchar a los miembros de su equipo y a rendir cuentas. No hay nada peor que un miembro que eche la culpa de todo a sus subordinados, aunque sea su culpa. Como líder, es importante que no pierdas de vista los objetivos de tu equipo y que siempre les des sabiduría y fuerza para que confíen y dependan de ti.

- Empatía

Otra habilidad que debes dominar para tener confianza en cualquier posición de liderazgo es la empatía. Esta es probablemente la parte más complicada y difícil de ser un líder. Aunque tienes que mantener la vista centrada en el objetivo de tu equipo, tampoco debes olvidar mirar a tu alrededor y prestar atención a los miembros de tu equipo, que son el motor de tus iniciativas. No es aconsejable ser el mejor amigo de ninguno de los miembros de tu equipo, ya que puede resultar complicado, pero debes esforzarte por convertirte en un oyente que escuche lo que tienen que decir. Quizá puedas hablar con tu equipo de uno en uno y tratar de ponerte al día sobre sus vidas. Al menos conoce un poco sobre ellos, si están casados o no, cuántos miembros de la familia tienen, dónde viven, etc.

También puedes organizar reuniones de equipo al menos una vez al mes para conocer a tu equipo fuera del trabajo. Saber un poco sobre ellos te dará al menos una idea de las cosas que les motivan, su inspiración y otros detalles que pueden ayudarte a conseguir tus objetivos.

. . .

Puede parecer que sólo intenta conocerlos personalmente para alcanzar su objetivo, pero no debería ser así. Interésate de verdad por tu equipo y construye una buena relación con ellos.

Hazles sentir que pueden dirigirse a ti en cualquier momento si algo les preocupa.

La empatía hace que tu equipo confíe en ti. No significa que les muestres un lado débil o blando y que esto pueda afectar negativamente a tu autoridad sobre ellos. Por eso hay que conocer la combinación adecuada de autoridad y empatía, de ser su líder y su amigo al mismo tiempo.

- Lenguaje corporal

Para tener confianza en la comunicación con tu equipo, tienes que prestar mucha atención a tu lenguaje corporal. ¿Sabías que las palabras son sólo el 7% de la comunicación y el resto es tu lenguaje corporal y el tono de tu voz? Las palabras no tienen sentido si no van acompañadas del lenguaje corporal y el tono adecuados. Imagina que le dices a alguien "te quiero", pero de forma monótona y con las manos colgando sin fuerza a tu lado mientras tus ojos miran a cualquier parte menos a la persona a la que le estás diciendo las palabras. Lo mismo ocurre cuando se trata de comunicarse con su equipo como líder.

Al hablar, mantén siempre las manos fuera de los bolsillos. No cruces los brazos delante de ti. Utiliza las manos mientras hablas.

Demostrará que está animado y apasionado por lo que está hablando. No se encorve al hablar, ya sea de pie o sentado.

Esto dará la ilusión de estatura, como hacían los espartanos.

Mantén el contacto visual con tu público cuando te dirijas a él, sin importar lo pequeño o grande que sea el público. Si hay cientos de personas delante de ti, intenta establecer contacto visual con las que están cerca de ti, pero no olvides mirar hacia el final aunque sepas que el contacto visual es imposible. Al menos saben que les reconoces.

- Sinceridad

Ser sincero es una de las cosas que debes hacer si quieres ganarte la confianza de tu equipo. La falta de sinceridad puede ir unida a la falta de honestidad. No des a tu equipo falsas motivaciones sólo para que hagan lo que tú quieres que hagan. Tienes que ser genuino con lo que les dices porque todo esto acabará volviéndose contra ti. Cuando digas que quieres que lo hagan bien, asegúrate de que lo dices de corazón. No seas un líder que sólo finge preocuparse por sus subordinados. Sea consciente de lo que sale de su boca. Porque una vez que cometa un error y quede al descubierto que no es sincero, su equipo no volverá a confiar en usted. La confianza es difícil de recuperar una vez rota, por pequeño que sea el problema. Si eres sincero en tus intenciones y en lo que quieres conseguir, todo lo demás vendrá por añadidura, incluyendo tener una gran relación con tu equipo y dirigirlo con confianza.

6

Superar Tus Miedos Para Ganar Confianza En Sí Mismo

¿Sabías que el mayor obstáculo para tener confianza en uno mismo es el miedo? Hay casos en los que sabes lo que tienes que hacer, pero te da demasiado miedo intentarlo. Pregunte a cualquier persona que conozca y lo más probable es que tenga al menos una cosa que le dé miedo hacer. No tiene por qué ser una fobia. Puede ser algo como el miedo al compromiso, a las relaciones, a hablar en público, a probar cosas nuevas o al fracaso. En algunos casos, estos miedos están causados por tus experiencias pasadas. Tal vez en el pasado, tu pareja de toda la vida te hizo daño y no quisiste comprometerte en una relación seria. O tal vez te quedaste completamente en blanco al hablar en público por primera vez en tu vida, y no quieres volver a experimentar lo mismo. Sin embargo, hay casos en los que estos miedos son ilógicos. A veces, simplemente tienes miedo de hacer algo sin ninguna razón en particular. Tu mente te dice que no puedes hacerlo y te lo crees, aunque no sea cierto.

Pero tienes que recordar que el sentimiento de miedo es real.

. . .

No es una ilusión que puedas ignorar fácilmente. Incluso los hombres más valientes del mundo experimentan el miedo en un momento u otro de su vida. Sólo se vuelve perjudicial cuando este miedo se magnifica de forma desmedida y se convierte en lo único que llena tu cabeza. En lugar de centrarte en lo que puedes hacer, dejas que el miedo tome el control de tu vida y esto te impide hacer cosas.

Los hombres de Operaciones Especiales se enfrentan a menudo al miedo. También experimentan el pánico o el dilema de luchar o huir. El pánico les impide pensar con claridad. Y esto es algo que no se debe hacer cuando se está en una misión porque puede significar la vida o la muerte. Pero estos tipos no permiten que el miedo los domine porque entonces no podrán cumplir sus misiones. Entonces, ¿qué debes hacer para superar el miedo y ganar confianza en ti mismo para hacer las cosas?

- Utiliza el miedo en tu beneficio

Puede parecer imposible de hacer, pero esto es lo que hacen la mayoría de los militares. Si ven el miedo como algo que tienen que evadir y de lo que tienen que escapar, se encontrarán en situaciones aún peores porque es algo de lo que no se puede escapar. Como se mencionó anteriormente, el miedo es real. Y lo que se teme es real. Ya sea una entrevista de trabajo importante, una gran factura de la tarjeta de crédito o una gran decisión vital que tengas que tomar, existe y tienes que enfrentarte a él tarde o temprano. ¿Recuerdas la película Confesiones de una adicta a las compras? La actriz principal siempre guardaba las facturas de sus tarjetas de crédito en su cajón, sin abrirlas.

. . .

No quería mirarlas, como si sus deudas fueran a desaparecer si las ignoraba. Al final, se dio cuenta de que tenía que ser adulta y afrontar sus problemas yendo al banco y hablando con ellos.

Así es como debes manejar el miedo. Afrontarlo de frente. Y te preguntarás cómo vas a utilizarlo en tu beneficio. Probablemente ya esté obsesionado con su problema, así que utilice la información y los escenarios que ha construido en su cabeza para encontrar una solución a su miedo. Míralo de forma positiva.

Por ejemplo, si tienes miedo a hablar en público porque sabes a ciencia cierta qué vas a hablar delante de cientos de personas, puedes utilizar esta información cuando te visualices hablando en público. Dígase a sí mismo que habrá cientos de personas.

¿Cómo me dirigiré a ellos y les haré sentir que hablo con cada uno de ellos? El contacto visual sólo es posible para los que están delante, pero aun así intentaré mirar a los que están detrás o tal vez hacer preguntas dirigidas al fondo de la sala. Puedes utilizar los detalles que ya te obsesionan, pero de forma positiva.

- Prepárate para los peores escenarios

La clave para superar el miedo es la preparación, como probablemente ya sepas a estas alturas después de leer los primeros capítulos de este libro. A los soldados de Operaciones Especiales se les enseñó a pensar en los peores escenarios y a encontrar formas de superarlos.

Se les enseñó a ensayar para la adversidad, de modo que cuando la adversidad real ocurra, sepan qué hacer. Puede que pienses que es contraintuitivo centrarse en los peores escenarios cuando intentas superar el miedo. Pero es útil porque, al menos, estás utilizando tu mente para encontrar soluciones en lugar de decirte simplemente que no puedes hacerlo.

A Michael Phelps se le inundaron las gafas mientras nadaba en los Juegos Olímpicos y no pudo ver nada. Pero ensayó tantas veces el escenario que, aunque se le inundaran las gafas, se limitó a contar el número de brazadas y a hacer el giro en el momento perfecto. Y ganó. Puedes aplicar esto en tu vida diaria. Si tienes una entrevista de trabajo, debes prepararte no sólo para las preguntas que suelen hacer los entrevistadores, sino también para los problemas que puedan surgir, como cuando te hacen una pregunta de la que realmente no sabes la respuesta. Tal vez tu solución sea simplemente ser sincero al respecto, pero decirle al entrevistador que estás dispuesto a aprender. Tener un plan de contingencia te hace sentir más seguro de lo que debes hacer.

- No te alejes demasiado de tu zona de confort

Siempre oyes decir que debes salir de tu zona de confort si quieres tener éxito en la vida. Es justo. Es un buen consejo que todo el mundo debería seguir. Si te quedas dentro de tu zona de confort todo el tiempo, no experimentarás cosas nuevas y no crecerás como persona. Sin embargo, también hay que saber hasta dónde se considera lógico y productivo llegar. Si trabajas en un entorno corporativo y de repente te apetece cambiar de ambiente, no decidas convertirte en pintor, sobre todo si no tienes ningún talento desde el principio.

Esto está muy fuera de tu zona de confort y no es nada práctico ni realista. Tal vez puedas probar a pintar como hobby, pero no como carrera. Si quieres cambiar de trabajo y trabajar en un entorno más creativo, tal vez puedas presentarte como director de un museo o una galería de arte. Sigue estando fuera de tu zona de confort, pero no tan lejos como para que deje de ser realista. Pero después de dominar esa área que te desafía, quizá la siguiente ya no sea tan poco práctica.

Ahora que trabajas en una galería de arte, tal vez ya empezaste a pintar por afición y aprendiste mucho de los artistas y el arte que te rodean. Tal vez ser pintor no esté tan lejos. Sigue esforzándote porque nunca conocerás tus límites hasta que los alcances. Recuerda que la zona de confort es el área de tu vida en la que te sientes más cómodo y, por estarlo, no tienes ningún reto y no creces como individuo. Fuera de la zona de confort están las cosas que suponen un reto y te ayudan a aumentar la confianza en ti mismo. Pero más allá de esta zona están las cosas que ya no son prácticas ni realistas. Aprende a identificar estas áreas en tu vida para saber hasta cuándo debes presionarte.

- La seguridad total es una ilusión

Tienes que entender que la seguridad al 100% es una ilusión. Si esto es lo único en lo que piensas, no arriesgarás nada y vivirás una vida sin retos. Es como aspirar a la perfección.

Nadie ni nada es perfecto y, por muy seguro que sea, sigue sin serlo del todo.

. . .

Si sigues persiguiendo estos objetivos imposibles, no vivirás la vida. Tienes que aceptar los riesgos y los retos y considerarlos parte del crecimiento como individuo.

Por eso, cuando surja una oportunidad, hay que aprovecharla enseguida. No esperes a estar preparado al 100% porque nunca puedes prepararte del todo para nada. Aunque prepararse para el matrimonio y tener hijos es importante, no hay que esperar demasiado porque nunca se puede estar totalmente preparado para este tipo de cosas. Habrá problemas y desafíos y no pasa nada porque forman parte de la vida.

Si sigues preparándote, puede que acabes por no intentarlo en absoluto. Podrías estar perdiendo algunas de las mejores oportunidades y experiencias de tu vida porque siempre existe esa sensación de que aún no has hecho la suficiente preparación. Ten en cuenta que estar preparado no significa que tu plan de acción sea 100% infalible o que la incertidumbre esté completamente ausente. Sólo significa que te has preparado todo lo que puedes y que el siguiente paso sería intentarlo.

- El tiempo corre

Recuérdate constantemente que sólo tienes una vida y que el tiempo corre continuamente. No esperará a que superes tu miedo. Trata cada día de tu vida como si fuera el último y te encontrarás haciendo cosas que no harías si supieras que tienes mucho tiempo para reflexionar y meditar en tu cabeza. Aprovecha esa oportunidad. Da el primer paso. Lo que importa es el aquí y el ahora. Si el mañana no llega, al menos habrás vivido una vida plena.

- Inyecta humor

El humor resuelve muchos problemas y reírse cuando sientes que el miedo te invade es una forma estupenda de quitarle importancia a la situación. A veces, te tomas las cosas demasiado en serio sin darte cuenta cuando podrías estar divirtiéndote. En las películas de miedo, suele haber un tipo en el grupo que hace bromas cuando las cosas se ponen serias y puedes ver que eso alivia la tensión al instante. Si sientes miedo de hacer algo, deberías hacer una broma al respecto. Si estás en una reunión importante con tus jefes y notas que estás temblando y sudando, puedes soltar un chiste para aligerar el ambiente. Tal vez les digas algo como: "Con la forma en que estoy temblando y sudando, se podría pensar que voy a proponerles matrimonio a todos ustedes". Esto se ha visto en muchos discursos, como en los Óscar, e incluso en el discurso público del presidente. El humor hace que las cosas sean menos serias y mucho más fáciles de manejar. Además, crea al instante una relación y una camaradería entre tú y las personas con las que interactúas. Dígase a sí mismo que las cosas van a ir bien y que se está preocupando por nada.

- Ignora esa pequeña voz en tu cabeza

Recuerda que esa voz en tu cabeza que te dice cosas negativas, que no puedes hacerlo, que no eres lo suficientemente bueno, también eres tú. Tú eres tu peor enemigo. Cuando estés en una situación y empieces a escuchar esa vocecita en tu cabeza que te menosprecia, dile que se calle. La verdad es que el tipo de voz que oyes representa la forma en que te ves a ti mismo. Si la voz te dice cosas negativas sobre ti, sólo significa que no tienes confianza en ti mismo.

. . .

Si es una voz que te anima, entonces estás en el buen camino porque ya tienes la confianza que todo el mundo necesita. Pero no estarías leyendo este libro en primer lugar si ya tienes confianza, así que lo más probable es que estés escuchando la voz negativa. Lidia con ella ignorando la voz y sustituyéndola poco a poco por la más positiva.

- Habla de tu miedo

Si te guardas el miedo en tu interior, tendrá un efecto más duradero y podría salir a la luz en el peor momento posible. Tienes que enfrentarte a tu miedo cuando lo sientas. No permitas que eche raíces en tu mente hasta que te consuma. A los soldados se les enseña a hablar de su miedo con los profesionales de la salud mental. Esto les permite procesar lo que sucederá o lo que ya ha ocurrido. La mayoría de las veces, mantener sus traumas embotellados en su interior sólo afecta a sus relaciones con sus seres queridos.

Si sientes miedo de hacer algo, no debes fingir que no tienes miedo en absoluto. Tampoco significa necesariamente que vayas directamente a un terapeuta para hablar. Puedes simplemente contarle a un amigo cercano o a un ser querido lo que sientes y por qué te sientes así. A veces, cuando lo dices en voz alta, sale de tus pensamientos y te permite afrontar tu miedo de inmediato. También es importante identificar tu miedo. Dale un nombre. No Sarah o Michael. Especifica qué es exactamente lo que temes. Di algo como: tengo miedo de hablar en público o tengo miedo de mudarme a otro estado. Si ignoras tu miedo, sólo crecerá dentro de ti como un gran monstruo. Pero si te enfrentas a él de frente, se hace más pequeño y fácil de aplastar.

- Piensa en el futuro

El futuro es una gran incógnita y mucha gente le teme porque no sabe lo que le espera. Por eso hay que pensar a largo plazo cuando se trata de afrontar el futuro. Por ejemplo, si temes que tus ingresos no sean suficientes para tus futuros hijos, deberías empezar a hacer algo al respecto para aliviar ese miedo al futuro desconocido. Tal vez puedas encontrar otro trabajo mejor remunerado o iniciar un negocio o actividad secundaria. Así podrás utilizar el dinero para ahorrar. Es un plan a largo plazo, pero al menos te hace sentir un poco menos asustada y más segura de tu capacidad para formar una familia y criar a tus propios hijos.

- Infórmate

Se ha dicho muchas veces que el miedo proviene de lo desconocido. Por eso es importante aprender más sobre lo que te asusta. Si eres un hablante no nativo de inglés y estás planeando presentarte a un examen de inglés y tienes miedo de no aprobar, en lugar de revolcarte en tu miedo, ¿por qué no estudias y aprendes cómo funciona el examen? Ármate de datos en lugar de especulaciones y conjeturas y verás que tu miedo suele ser infundado.

Estas son las cosas que debes hacer para superar el miedo y ganar confianza en ti mismo. La mayor parte de la información de este libro trata sobre cómo ganar confianza en uno mismo superando el miedo. Porque el miedo es el mayor obstáculo que tienes que superar para tener confianza en todo lo que haces.

7

Dureza Mental Y Emocional

Ahora que sabes cómo se entrenaban los espartanos y las fuerzas de operaciones especiales para alcanzar ese nivel de confianza, deberías aprender algunas técnicas y consejos más que puedes utilizar en tu vida diaria, ya sea para tus necesidades personales o laborales.

Cuidar tu salud física, emocional y mental

Cuidar de tu cuerpo es probablemente lo más fácil de hacer, aunque mucha gente sigue descuidando hacerlo. Hay que llevar una dieta equilibrada, hacer ejercicio regularmente y dormir lo suficiente cada día. ¿Y tu salud emocional y mental?

¿Sabías que tu salud mental y emocional también afecta a tu salud física? Si no te ocupas de tu salud mental y emocional como es debido, hay manifestaciones físicas como la hipertensión, el dolor de pecho y las úlceras.

No permitas que se llegue a esto y lee los siguientes consejos sobre cómo cuidar tu salud mental y emocional.

- Refuerza tu sistema de apoyo

Tienes que reforzar tu círculo de amigos que estarán ahí para apoyarte cuando lo necesites. Esto no significa necesariamente que tengas que ser amigo de más personas. Según los espartanos, el minimalismo es la clave del éxito y debes eliminar a los que no necesitas. Significa que debes centrarte más en la calidad de tus amistades que en la cantidad. Mantén la amistad con los que son realmente tus amigos. La amistad va en ambos sentidos. Se trata de personas que sabes que estarán a tu lado en los momentos difíciles, y sabes en tu corazón que tú también harás lo mismo.

- Aprende sobre tu salud mental y emocional

Ha sido en los últimos años cuando la gente ha empezado a prestar atención a su salud emocional y mental. Antes, siempre se trataba de la salud física. Si te fijas en el entrenamiento de las unidades de Operaciones Especiales, ahora tienen algo para mejorar la salud mental. Estas personas realizan tareas de alto riesgo y experimentan traumas mentales, por lo que su salud mental debe estar en condiciones óptimas. Hay que aprender más al respecto. Si sufres de ansiedad, necesitas aprender más sobre las diferentes causas y desencadenantes. Cuanto más sepa, menos miedo tendrá y más confianza tendrá.

- Sé activo

Como lo que aprendiste de los espartanos, no les gustaba estar ociosos, incluso cuando no se preparaban para la guerra.

Hacer algunos ejercicios físicos todos los días hace que la sangre fluya y evita que pienses en cosas negativas. Si estás bajo medicación o incluso no necesitas medicación pero tienes una depresión leve, el ejercicio regular es un buen compañero y puede ayudar mucho. También es una forma estupenda de despejar la cabeza. Esto se ve todo el tiempo en las películas.

Los protagonistas se pelean y uno de ellos sale a correr para despejarse. Cuando vuelve, está de mejor humor porque ha podido pensar en las cosas.

- Empezar una nueva afición

Esto es algo más que aprender una nueva habilidad o talento. Se trata de encender esa pasión que llevas dentro. Fíjate en las personas que invierten tiempo y esfuerzo en hacer cosas que les gustan. Parecen felices y apasionados. Encuentra algo que te guste hacer. Puede ser algo tan sencillo como dedicarse a la jardinería o a coleccionar antigüedades, o algo un poco más costoso como viajar o practicar deportes extremos. Si tienes un hobby, tu mente siempre estará ocupada haciendo cosas que te gustan. Lo que ocurre con la depresión es que se pierde la pasión, esa chispa que da alegría. No sólo debes encender esa chispa, sino mantenerla encendida todo el tiempo invirtiendo en tu pasión.

- Haz siempre las cosas con moderación

La forma espartana es ser lo más minimalista posible, pero si es demasiado para ti, puedes hacer las cosas con moderación.

Todo lo que se hace en exceso es malo. Es importante comer sano, pero comer fuera de casa o cualquier cosa que te haga feliz, siempre que lo hagas con moderación, también es bueno para tu salud mental y emocional. Comer una ensalada todos los días puede ser deprimente, así que hazte feliz comiendo un trozo de pastel de vez en cuando. Emborracharse estaba mal visto por los espartanos y las fuerzas de operaciones especiales.

Sin embargo, beber alcohol con moderación está bien.

Siempre que puedas controlarte y no vayas a arrepentirte después, entonces está bien.

- Hacer yoga y meditación

Esto es para controlar el estrés. La meditación te hace más consciente de tus pensamientos. Ayuda a aliviar los pensamientos negativos que, en última instancia, pueden conducir a la depresión. El yoga es tanto físico como mental. Te hace más flexible y, al mismo tiempo, te enseña a ser consciente.

También puedes probar la respiración profunda, que te ayudará a calmarte si tienes un ataque de pánico. Esto te hace estar más en sintonía con tu mente y tu cuerpo y te hará sentir más seguro de ti mismo.

- Anota tus objetivos

Tanto si se trata de tu lista diaria de cosas por hacer como de tus objetivos a largo plazo, es una gran idea tener una lista porque te ayudará a gestionar tu tiempo adecuadamente. Puedes establecer una fecha límite para tus objetivos y así gestionar mejor tu tiempo. Así serás más productivo y podrás reservar tiempo para otras cosas como tu afición o podrás pasar más tiempo con tus seres queridos. También te dará esa sensación de logro cada vez que marques un objetivo que has terminado. Esto ayuda a reducir el estrés por el pánico, ya que todo está planificado cuidadosamente.

- Establezca límites

Esta es otra cosa que te hace sentir agotado. Debes aprender a decir que no, especialmente si no es tu trabajo o si no quieres hacerlo. También debes aprender a no morder más de lo que puedes masticar. Establece tus límites y conoce también cuáles son los tuyos. Si tu jefe te pide que vuelvas a ampliar, tienes que aprender a decir que no. Hay una forma de decir que no sin ser demasiado brusco y grosero. Puedes hacerlo de forma amable pero firme.

Ten en cuenta que aprender a cuidar tu bienestar mental y emocional es tan importante como la salud física. Así te será más fácil manejar el estrés y todo lo que la vida te depare. No obstante, ten en cuenta que debes buscar ayuda profesional si tus problemas son más graves.

. . .

Construir la confianza a través de la fuerza mental como los SEALS de la Marina

Los Navy SEALS son uno de los grupos de operaciones especiales más famosos del mundo. Son conocidos por su dureza y experiencia en el manejo de operaciones de alto riesgo. Son algunos de los hombres más duros del mundo. Y tendría sentido recibir consejos de ellos cuando se trata de dureza mental y confianza en sí mismo.

El entrenamiento de los Navy SEAL es mucho más que un entrenamiento físico, también son ejercicios para conseguir dureza mental. He aquí algunos trucos útiles que los Navy SEALS utilizan para la resiliencia mental.

- Practicar la segmentación

Es un término elegante para enfrentarse a una tarea desalentadora paso a paso. Se ha dicho muchas veces, pero sólo porque funciona. A veces, uno se siente demasiado abrumado por un gran proyecto y se siente paralizado y no puede empezar. Esto se debe a que lo estás viendo desde una perspectiva equivocada. Mira la tarea que tienes entre manos como pequeñas tareas que tienes que hacer en un momento determinado. Por ejemplo, si tienes que limpiar toda la casa antes de que lleguen tus padres al final de la semana, puedes sentirte abrumado. En cambio, puedes dividirlo en tareas más pequeñas. El primer día, empieza por el salón, luego pasa a la cocina el segundo día, y así sucesivamente, hasta alcanzar tu objetivo final. Si compartimenta las tareas en otras más pequeñas, tendrá más confianza en lograr su objetivo.

- Prueba la visualización

La visualización es otra técnica que enseñan a las personas que quieren tener más confianza. Hubo un estudio entre jugadores de baloncesto, en el que un grupo practicaba los tiros libres de verdad y otro grupo sólo los visualizaba. Los resultados fueron sorprendentes. El primer grupo anotó un 24% más, mientras que el segundo grupo anotó un 23% más. Esto demuestra que la diferencia no es tanta, sólo un 1%. Imagina lo que puedes conseguir si combinas tu práctica real con la visualización.

Hay técnicas sobre cómo debes visualizar tus objetivos. En primer lugar, debe ser detallada. Para ello, tienes que visualizar utilizando todos tus sentidos. Esto hará que sea lo más vívido y real posible. A continuación, debes repetirlo una y otra vez. La repetición es como practicar todos los días. También lo conviertes en un hábito o en algo que te resulta familiar. No puedes pensar en fracasar. Debes verte siempre cumpliendo tus objetivos. Por último, imagina las consecuencias si fracasas.

Quizá tu familia y tus amigos se sientan decepcionados. O tal vez no puedas comprar esa casa para tu familia que les prometiste. Esto te dará aún más motivación para tener éxito.

- Haz el 4 por 4

Los Navy SEALS tienen una solución sencilla para mantener la calma y la tranquilidad al instante. Lo llaman el 4 por 4, que incluye inhalar durante 4 segundos, exhalar durante 4 segundos y repetir todo el proceso durante 4 minutos.

Este es un ejercicio de respiración de yoga para la relajación del cuerpo y es un enfoque antiguo para aliviar el estrés y los nervios al instante. Cuando estás bajo mucho estrés, tu cuerpo libera cortisol, adrenalina y norepinefrina. Estas son las hormonas que te dan instantáneamente esa concentración y energía tan necesarias. Sin embargo, los altos niveles de estas hormonas te ponen nervioso y al límite. Por eso, a veces tienes problemas para dormir y no puedes relajarte. Esto hace que te sientas aún más estresado, lo que a su vez puede afectar a tu sistema inmunitario. Hacer el 4 por 4 puede ayudarte a sentirte más tranquilo y relajado. Si estás en tu estado más relajado, te sentirás más seguro. Esta es también una forma de meditación que te permite estar en paz contigo mismo.

- Practica el reajuste

Siempre oyes a la gente decir que no puedes cambiar a los demás, pero sí puedes cambiarte a ti mismo o lo que crees. A esto se le llama reencuadre o no-reactividad. No reaccionas a los estímulos externos negativos, sino que cambias tu forma de pensar al respecto. Los Navy SEALS tienen que someterse a un entrenamiento físico y a pruebas de fortaleza mental. El sargento los menosprecia intencionadamente y les dice cosas negativas para romper su espíritu. Si crees lo que dice el entrenador, te rendirás y abandonarás en ese mismo momento. Si lo enmarcas en tu mente y te dices a ti mismo que es sólo parte del entrenamiento y que no es la verdad, pasarás la prueba con éxito. En la vida real, puedes convertir los acontecimientos negativos en algo positivo. Si alguien en tu oficina está siendo mezquino y malvado, en lugar de pensar que no le gustas y revolcarte en la autocompasión, simplemente dite a ti mismo que no te conoce y que no deberías verte afectado por ello.

. . .

La compañera de trabajo acabará cansándose porque no obtiene ninguna reacción por tu parte. Al hacer esto, te estás enseñando a ti mismo a estar tranquilo y positivo incluso cuando hay acontecimientos externos negativos.

- Celebre los pequeños aspectos positivos

Todo el mundo ha tenido su propia cuota de días malos. No te despertaste con el despertador, había mucho tráfico de camino al trabajo, llegaste tarde, tu jefe no estaba de buen humor, tu novia se enfadó contigo porque olvidaste que era vuestro aniversario, te olvidaste la cartera, etc. Pueden ocurrir muchas cosas negativas en un día. Y este tipo de cosas ocurren. No es sólo en las películas. En lugar de frustrarse porque todo va mal, ¿por qué no encontrar el lado positivo? Cualquier situación siempre tiene un lado positivo. No te has despertado con el despertador; al menos has dormido bien. Hubo un accidente, por eso había un atasco; al menos no te has hecho daño. Tu novia estaba enfadada contigo; puedes compensarla llevándola a una cena elegante (y relajante) que ambos necesitáis. Estas pequeñas victorias a menudo se ignoran, sobre todo cuando ocurren tantas cosas malas. Si celebras y te centras en estas pequeñas victorias, estarás creando un ciclo de positividad en tu vida.

- Sé alguien a quien los demás necesitan

Una forma de aumentar instantáneamente tu confianza es saber que te necesitan. Para algunas personas, las dificultades son sólo partes de la vida que necesitan superar. Lo que es más difícil es que no te necesiten, como si fueras prescindible.

· · ·

Por eso tienes que rodearte de personas que te necesiten pero que, al mismo tiempo, te proporcionen el apoyo que tú también necesitas. Tu tribu debe construirse sobre el respeto mutuo, el apoyo, la confianza y la dependencia. Si es de una sola manera, y tú eres el que siempre da sin recibir nada a cambio, te sentirás quemado. Esto te da una especie de propósito; da sentido a tu vida en este mundo que a menudo ofrece conversaciones, relaciones y posesiones sin sentido. Tu grupo de personas debe compartir los mismos principios y la misma visión de la vida si vas a vivir los momentos más duros con ellos.

8

Toma Acción

Convierte a un mero observador pasivo en una persona que actúa

También hay acciones que debes realizar para convertirte en una persona segura de sí misma y con éxito en la vida. Hay muchos refranes que dan valor a la acción. La acción habla más que las palabras. Haz lo que dices. Practica lo que predicas. Porque la acción te llevará al éxito que anhelas. No se trata sólo de cambiar la forma de pensar o de sentir. La fuerza motriz de todo en este mundo es la acción. A menos que te levantes y empieces el día, tu día no sucederá, ¿verdad?

Algunas personas tienen miedo de pasar a la acción porque temen fracasar. Prefieren no hacer nada a actuar y fracasar. Pero pregúntate, ¿y si tienes éxito? La probabilidad es del 50%.

. . .

Los espartanos siempre estaban activos porque entendían la importancia de pasar a la acción y cómo el estar inactivo daba lugar a pensamientos negativos como el miedo y la duda. Deja de ser un observador del éxito de los demás y empieza a actuar. Estudiar sobre los espartanos y las unidades de operaciones especiales no te servirá de nada si todo lo que vas a hacer es estudiar. Ponga todo en acción y verá lo lejos que llega.

- Deja de pensar en exceso

Esto es más fácil de decir que de hacer, especialmente para algunas personas que tienen la tendencia a pensar en cosas que sucedieron incluso hace años. Si has cometido errores en el pasado, deja de pensar en ello y céntrate en el presente.

Aunque aprender del pasado es bueno, analizar en exceso los errores del pasado hasta paralizarte por el miedo te impedirá pasar a la acción. Para tener confianza a la hora de dar el primer paso para hacer algo nuevo y diferente, tienes que dejar atrás el pasado. Si te encuentras recordando el pasado, no te olvides de la experiencia y podrás seguir adelante. Cuando te encuentres recordando el pasado y empieces a dudar de ti mismo, respira profundamente durante unos minutos y permanece en el momento. Dígase a sí mismo que todo está en el pasado y que está empezando de nuevo. Una vez que hagas esto, te resultará más fácil pasar a la acción. Imagina el tipo de errores del pasado que tienen que superar los soldados de Operaciones Especiales. Debe ser difícil para ellos, pero aún así son capaces de hacerlo.

- Cuéntale a la gente tus objetivos

¿Cuántas veces te has dicho a ti mismo que vas a perder peso, pero siempre acabas por no hacerlo de todas formas? Pero si se lo dices a otras personas, te sentirás más comprometido con tu objetivo porque no quieres decepcionarles o te sentirás avergonzado por haberte rendido. No quieres que te vean como un fracasado, especialmente si se trata de algo tan sencillo como perder peso. Además de rendir cuentas, contarles a tus seres queridos tus objetivos es también una forma de motivación.

Estarán ahí para apoyarte y aumentar tu confianza en que vas a conseguir tu peso objetivo. Puede que incluso se unan a ti en tu viaje hacia una vida más sana. Sus seres queridos también pueden recordarle lo que ya ha hecho siempre que su motivación sea baja para que no se rinda. Es aún mejor si usted hace lo mismo por ellos.

- Hazte responsable a ti mismo

Aunque es bueno tener a alguien que esté ahí para apoyarte y aumentar tu motivación y confianza, debes encontrar la manera de aprender a hacerte responsable incluso sin la ayuda de los demás. Este es un signo definitivo de madurez, autodisciplina y confianza en uno mismo. Debes saber lo que hay que hacer estableciendo normas y objetivos para ti mismo. A la larga, esto es lo mejor que puedes hacer porque no dependes de otra persona para que te ayude a conseguir tu objetivo. Esto también pondrá a prueba tu confianza en ti mismo cuando se trata de lograr cosas por ti mismo a tu propio ritmo y tu propia voluntad. Pero antes de hacerlo, tienes que estar 100% seguro de que no vas a aflojar ni a ponerte excusas. Podrías ponerte excusas sin darte cuenta y, antes de que te des cuenta, acabarás no logrando nada. Así que ten cuidado antes de intentar esto.

- Mantén la sencillez

A veces, tiendes a complicar las cosas más de lo que realmente son. Si te piden que resuelvas 2+2, no lo hagas más complicado escribiendo 2(1x2). Es un problema sencillo que requiere una solución sencilla. Por ejemplo, si tu jefe te pide que elabores un informe de productividad comparando los meses actuales con los anteriores, no te agobies porque acabes investigando la productividad de los últimos cinco años. Ser proactivo en el lugar de trabajo es recomendable, pero si no es necesario, no hay que hacerlo. Para ser proactivo, quizá puedas limitarte a dar una predicción sobre la productividad del mes siguiente.

- Presta atención al proceso

En lugar de centrarte en los obstáculos que puedan surgir, ¿por qué no te centras en el proceso y haces algo para que sea más infalible? A veces, preguntarse demasiados "qué pasaría si" y jugar con cada escenario en la cabeza sólo puede impedirte pasar a la acción. Si los espartanos y los hombres de operaciones especiales se preguntaran demasiados "y si", no lograrían nada. Son hombres de acción, como deberías ser tú también. Además, centrarse en los pasos que hay que dar fomenta la creatividad y la capacidad de análisis.

- Sé entusiasta

Nada es más contraproducente que alguien que siempre se arrastra al trabajo. Debes empezar con una nota positiva.

. . .

Si vas a asistir a una reunión importante en el trabajo y eres uno de los presentadores, no empieces el día temiendo lo que tienes que hacer. Al contrario, anímate. Dígase a sí mismo que va a ser un buen día y que va a arrasar en la presentación. Al principio, te sentirás un poco tonto diciéndote cosas positivas, pero pronto se convertirá en un hábito si sigues haciéndolo cada día. En las películas, antes de que los soldados vayan a la guerra, los ves marchando mientras cantan algo patriótico. Es su forma de mentalizarse para la gran tarea que les espera.

- Empieza por la tarea más fácil

Antes de empezar a hacer ejercicio o a realizar otras actividades físicas como el deporte, primero hay que hacer un calentamiento. Las tareas más pequeñas serán como tus calentamientos. Lo mismo ocurre cuando haces un examen.

Suelen aconsejar a los examinadores que se salten primero las preguntas difíciles y que vuelvan a ellas después de responder a todas las más fáciles. Esto se debe a que una tarea grande puede parecer abrumadora y puede impedirte actuar. Y una vez que empieces con las tareas pequeñas, sigue trabajando hasta terminar con las más grandes. A medida que vayas avanzando, también ganarás más y más confianza. Y cuando llegue a las tareas más grandes y difíciles, tendrá la suficiente confianza para abordarlas.

- Prueba algo diferente

Aunque se ha reiterado en este libro que hacer las cosas repetidamente forma un hábito y el hábito hace que te sientas más cómodo y confiado al hacer la tarea, también puedes probar otra táctica si te encuentras atrapado en la rutina de hacer lo mismo una y otra vez. Por ejemplo, si sientes que estás quemado de tu trabajo de oficina de 9 a 5, deberías hacer algo que lo haga un poco más emocionante. Renunciar y cambiar de trabajo no siempre es una opción, pero si la tienes, hazlo. Si no, puedes intentar algo menos drástico. Tal vez puedas comprarte ropa de oficina nueva que te haga sentir un poco más entusiasmado para ir a trabajar. O bien, decorar un poco el espacio de tu oficina. También puedes hacerte amigo de un compañero de trabajo con el que no hayas intimado. Esto te hará sentir un poco menos aburrido con el trabajo y te devolverá un poco de emoción cuando vayas a trabajar.

- Planifica tu futuro

Si tu futuro está claro, no tendrás ninguna razón para dudar de ti mismo cuando se trata de los caminos correctos que debes tomar y las decisiones correctas que debes tomar. Si sabes, por ejemplo, que quieres mudarte a Nueva York y vives en California, y tu corazón ya está decidido, entonces cada pequeña cosa que hagas te llevará hacia ese futuro que ya has trazado.

También deberías pensar en dónde estarás dentro de 10 años si no tomas medidas. Si no ahorras dinero ahora, ¿qué te ocurrirá en el futuro? Imagina tu vida en el futuro y lo que tienes que hacer en el presente estará más claro.

- Habla con un profesional

Si sigues estancado en la inactividad y no tienes motivación por mucho que lo intentes, quizá sea el momento de consultar a un profesional.

Podría tratarse de una depresión o de otros problemas de salud mental que requieren atención médica. No tengas miedo o vergüenza de buscar ayuda si crees que la necesitas. El primer paso para la superación personal es reconocer el hecho de que tienes un problema que necesita ser resuelto. Reconocerlo es el primer paso, y buscar ayuda es el siguiente. Una vez hechos estos dos, estarás en camino de convertirte en una versión más segura de ti mismo.

9

Superando Adversidades

Las Unidades de Operaciones Especiales han pasado por mucho más que una persona media. Imagínese luchar contra terroristas u otros adversarios altamente cualificados en un territorio desconocido, o participar en una misión que a menudo es cuestión de vida o muerte y que afecta no sólo a su equipo, sino a todo su país o incluso al mundo entero.

Es una vida dura para ellos. Sin embargo, todavía se les ve superar una adversidad tras otra con confianza, como si hubieran nacido para ello. La verdad es que el tipo de entrenamiento al que se someten estos hombres es uno de los más duros para la dureza física y mental. Un hombre normal se rendirá. Sólo los más fuertes y valientes terminan el entrenamiento y se convierten en soldados de Operaciones Especiales de pleno derecho.

Puedes aprender mucho de estos hombres duros cuando se trata de superar las adversidades.

Aquí tienes algunos de sus consejos.

- Prepárate

En uno de los capítulos anteriores, se mencionó que nunca se puede estar totalmente preparado para nada. Esto es cierto, pero ir a la guerra sin prepararse del todo es otra cosa. Puedes prepararte para un tifón abasteciéndote de comida, agua, linternas, etc. Y una vez que llegue el tifón, aún tendrás que adaptarte y superar pequeñas adversidades. Pero al menos te habrás preparado en su mayor parte.

Lo que debes evitar es prepararte en exceso y utilizar esto como excusa para no hacer algo. Las fuerzas de operaciones especiales son los maestros de la preparación. No van a una misión sin prepararse. Todo su proceso de preparación es intensivo. Después de todo, van a ir a un lugar extranjero o a realizar una misión de espionaje. Estas tareas requieren mucha preparación y planificación. No pueden limitarse a ir allí y confiar en la pura suerte, porque seguramente fracasarán.

Cuando tengan que ir a un lugar desconocido, estudiarán el lugar como si fueran estudiantes de doctorado y la zona fuera su tema de investigación. Comprobarán la topografía, las masas de agua, el clima, el tiempo, la demografía, la economía, las infraestructuras, la historia, etc. Por eso pueden integrarse fácilmente y trabajar de forma encubierta no es un problema por el tipo de investigación que realizan.

No es necesario que te prepares tan intensamente y a fondo como las Fuerzas Especiales.

Sólo asegúrate de que tus preparativos son suficientes. Sabrás si es suficiente cuando ya te sientas seguro de lo que vas a hacer.

- Sé creativo

La creatividad es probablemente una palabra que no se asocia a menudo con los militares. En el ejército no se fomenta la individualidad porque tienen que seguir órdenes y actuar como una unidad.

La idea del ejército es trabajar como una unidad. Si uno no coopera, hay muchas posibilidades de que la misión fracase.

Sin embargo, cuando se trata de los soldados de Operaciones Especiales, la creatividad es imprescindible. Esto no significa que tengan clases de pintura o de escritura creativa. Sólo significa que deben ser creativos a la hora de resolver problemas.

Deben ser ingeniosos porque lo que han preparado puede ser completamente diferente de la situación real en la que se encontrarán. Deben ser capaces de tomar decisiones rápidas y acertadas cuando la situación lo requiera. Cuando estos soldados están sobre el terreno, no tienen a nadie a quien llamar o pedir ayuda si algo no sale según lo previsto. Tienen que tomar las decisiones ellos mismos. En la vida real, los adultos suelen tener que tomar decisiones importantes en la vida que no sólo les afectan a ellos, sino también a sus familias.

. . .

Por eso tienen que tomar sus propias decisiones sin depender de los demás.

Además, lo que ha funcionado para una persona puede no funcionar para ti. Puedes aprender de las experiencias de los demás, pero también debes saber idear tu propia estrategia cuando sea necesario. Debes ser adaptable y flexible. Hay formas convencionales de resolver un determinado problema, pero pueden no ser aplicables en algunos escenarios. En este caso, hay que pensar de forma innovadora. Los militares llaman a esto iniciativa disciplinada. No se trata de un riesgo temerario, sino de un riesgo calculado para resolver un problema. Debes ser capaz de pensar por ti mismo y pensar sin limitaciones. Si siempre estás limitado por las convenciones, será difícil superar las adversidades.

¿Has oído hablar de la historia de David y Goliat? Goliat era un gigante corpulento, pero David fue capaz de derrotarlo gracias a su ingenio. No podía luchar como un hombre normal porque no era tan grande como Goliat, pero lo que le faltaba de fuerza muscular lo compensaba con su rapidez mental y su ingenio.

- Aprende a tratar con la gente

La mayoría de las adversidades a las que te enfrentas tienen que ver con la gente. Si tus problemas tienen que ver con el trato con la gente, entonces tienes que saber cómo comunicarte con ellos. Las Fuerzas Especiales no se limitan a disparar a los enemigos.

. . .

También tienen que hacerse amigos de los aliados, o a veces fingir que son amigos de un enemigo que no sabe que están trabajando en el otro bando. Las personas son probablemente el componente más difícil de cualquier problema porque son las más imprevisibles. Los soldados de Operaciones Especiales no sólo se entrenan para mejorar su dureza física y mental, sino también sus habilidades interpersonales. Son hombres que trabajan estrechamente con soldados de otros países que hablan un idioma diferente y tienen una cultura distinta. Lo más probable es que sus enemigos también sean extranjeros. A veces, el éxito de una misión no implica disparar. A veces significa que los hombres de Operaciones Especiales fueron capaces de llegar a un buen acuerdo con el enemigo.

Esto es lo mismo cuando se trata de superar adversidades en la vida real. Hay que saber manejar a la gente. Si quieres pedir un aumento de sueldo porque los gastos de tu familia son cada vez mayores, tienes que saber hablar con tu jefe y negociar para conseguir lo que quieres. Si tu mujer te dice que está pensando en divorciarse si no te esfuerzas en solucionar las cosas con ella, debes aprender a cooperar.

- Enseñar a los demás

La mejor manera de dominar algo es convertirse en maestro.

Hacer algo es una cosa, pero enseñarlo a otros es otro nivel.

Ser profesor o experto en algo puede ayudarte a superar las adversidades.

Enseñar no es sólo la manera formal de enseñar en la que tú, como profesor, estás en una clase con un grupo de personas. También puede ser un equipo de dos personas en el que tienes que transmitir información antes de ir a tu misión.

La mayoría de las veces, los chicos de Operaciones Especiales trabajan con iguales o con compañeros más que con subordinados. Por eso, cuando transmiten información, no dan órdenes ni mandatos, sino que instruyen y transmiten. La información y las habilidades que se enseñan se basan en gran medida en la cantidad de conocimientos que se tienen. Cuanto más se sabe, más se puede enseñar. Por eso las Fuerzas Especiales se esfuerzan por seguir aprendiendo.

Puedes ser un maestro o un experto para tener la confianza de superar cualquier problema en tu vida. Fíjate en los entrenadores de vida y los terapeutas. Lo más probable es que estas personas tengan sus propios problemas, pero son maestros y saben lo que hay que hacer la mayoría de las veces.

- Estar motivado y pasar a la acción

La motivación para superar la adversidad debe estar presente porque, de lo contrario, no podrás hacerlo. Debes desearlo con todas tus fuerzas si quieres superarlo. El mismo ejemplo que antes, si tu mujer te dice que quiere arreglar las cosas en vuestro matrimonio o que va a pedir el divorcio, tú deberías seguir queriendo seguir casado con ella para poder arreglar las cosas. Pero las cosas no deben terminar sólo ahí.

. . .

Después de la motivación, debe haber una acción concreta. Una motivación sin un plan de acción no es más que una forma de animar.

Palabras motivadoras como "puedes hacerlo" o "eres el mejor" no tienen sentido si no van acompañadas de un plan de acción.

El plan debe ser concreto y viable. Tu motivación para mantener tu matrimonio intacto es tu amor por tu mujer y tus hijos. El "arreglar las cosas" no es lo suficientemente concreto.

Es vago y no es cuantificable. Tal vez puedas planear ir a un consejero matrimonial una vez a la semana. Mantén una comunicación abierta con tu mujer cuando las cosas te molesten. Estos pasos concretos te llevarán finalmente a superar esta adversidad en la vida. Tu matrimonio que se desmorona es tu adversidad y permanecer felizmente casado es el resultado.

Afrontando los días malos

Tener un mal día es normal. Todo el mundo ha tenido días malos en su vida. Incluso los hombres más duros, como los espartanos y los de operaciones especiales. Sin embargo, cuando las cosas van mal para algunas personas, no importa lo pequeño que sea, piensan que es su culpa y sus deficiencias las que llevan a estas desgracias. Entonces empiezan a perder la confianza en sí mismos. Esto es lo que diferencia a un hombre corriente de los dos grupos de hombres más duros de la historia.

Entonces, ¿cómo superar los días malos para no perder la confianza? Aquí tienes algunos consejos que quizá quieras probar.

- La vida no es perfecta

Nada es perfecto en este mundo. Si crees que la vida puede ser perfecta, te estás preparando para la decepción. Puede ser hermosa, pero no perfecta. La vida siempre tendrá pequeños contratiempos que debes experimentar. Tienes tus objetivos en la vida, pero no los alcanzas de la noche a la mañana, y eso es normal. Cuando tengas un mal día porque no has conseguido un objetivo, no pasa nada. Sigue adelante y aprende de ello. Si tu día no ha sido bueno, deberías escribir tus objetivos al final del día para ayudar a tu mente a reenfocarse.

- Aprende una lección de cada lucha

Una forma de ver tus problemas es preguntarte la lección que has aprendido de ellos. Si te centras en todo lo que va mal en tu vida, seguramente te sentirás estresado y deprimido y perderás la confianza para intentarlo. En lugar de eso, encuentra la lección o el mayor aprendizaje de lo que estás viviendo. ¿Has perdido el vuelo? Tal vez puedas evitar que esto vuelva a ocurrir preguntándote qué podrías haber hecho de forma diferente para no perder tu vuelo. Tal vez te hayas levantado tarde, no hayas comprobado el horario del vuelo, hayas calculado mal la hora, etc. Sea cual sea la razón, intenta mejorarla la próxima vez para que este tipo de cosas no vuelvan a ocurrir. Si no aprendes de tus días malos, seguirás teniendo los mismos problemas y eso se comerá la confianza que te queda en ti mismo.

- Te hace apreciar más tus días buenos

Para apreciar la luz, hay que experimentar la oscuridad. Cursi pero cierto. Aprecias más las cosas positivas de tu vida cuando experimentas las negativas. Imagina que te enfrentas a un mal día con éxito. Sentirás que has logrado algo espectacular y la emoción y la alegría son incomparables. Intenta imaginar la vida de las personas que viven en países menos privilegiados. No tienen acceso a cosas que las personas que viven en países del primer mundo dan por sentado, como una educación de calidad, buena comida, agua potable, etc. Lo mismo ocurre cuando uno tiene un mal día. Los días malos te hacen apreciar más los días buenos.

- Deja de preocuparte

Si las cosas no van como quieres, preocuparte por ellas sólo te hace sufrir dos veces. Cuando te preocupas por las cosas negativas de tu vida, por ejemplo, llegar tarde al trabajo y sus consecuencias, tu salud mental se resiente. El hecho de llegar tarde y que te descuenten y tu jefe te grite te hace sufrir por segunda vez. Si ya está fuera de tu control, ¿por qué preocuparte? Simplemente afronta el problema cuando ya está ahí. De lo contrario, sufrirás ataques de ansiedad y pánico.

- No compares tu vida con la de los demás

Esto es algo que no debes hacer cuando tienes un mal día.

Compararte con otras personas solo hace que te sientas menos seguro de ti mismo e infeliz con tu vida.

Las cosas que ves en las redes sociales son sólo fragmentos de la vida de la gente. No pienses que su vida es mejor que la tuya.

Todo el mundo tiene días malos, pero, por supuesto, nadie será lo suficientemente valiente como para publicarlo en las redes sociales. La hierba puede parecer más verde en el otro lado, pero no siempre es así. Además, siempre habrá alguien que sea mejor, más guapa o atractiva que tú y eso está bien. Pero tienes que hacer lo tuyo y no compararte con los demás, porque es una forma segura de acabar con la confianza en ti misma.

- Está bien pedir ayuda

A veces, todo lo que necesitas cuando tienes un mal día es un hombro sobre el que llorar o alguien que te escuche. No te avergüences de pedir ayuda. Pedir ayuda es algo valiente porque reconoces tu debilidad. Algunas personas no se sienten cómodas haciendo esto porque piensan que están exponiendo su lado vulnerable. Pero si compartes tus problemas con alguien en quien confías, un familiar o un amigo íntimo, ¿importa que te vean en tu punto más débil? Lo creas o no, la gente lo entenderá porque todo el mundo ha estado en la misma situación.

La clave es que te asegures de que compartes tus penas con las personas adecuadas, que estarán ahí para reforzar tu confianza y decirte que todo va a salir bien. Hay que tener cuidado porque no todo el mundo es auténtico y sincero.

. . .

Las personas con malas intenciones podrían utilizar la información personal que has compartido con ellos para su propio beneficio o para sus intenciones ocultas. Es posible que quieras recurrir a alguien que pueda ser comprensivo, pero a veces también necesitas escuchar la dura verdad de alguien que sólo quiere lo mejor para ti. No dudes en pedir ayuda. Quizá sea lo único que necesitas para superar los días malos.

Recuerda que no es el fin del mundo cuando las cosas no van como tú quieres. Le pasa a toda la gente. No sólo a ti. Aunque no deberías tener la costumbre de consolarte con el hecho de que otras personas también sufren, esa es la verdad. Al día siguiente, estos problemas no son más que recuerdos y te reirás de ellos y te sentirás tonto por ser demasiado dramático.

10

Estableciendo Objetivos

Uno quiere estar seguro de sí mismo en la vida porque tiene objetivos que quiere alcanzar. Pero también funciona a la inversa. Cuando estableces objetivos, te vuelves más seguro de ti mismo porque sabes lo que quieres en la vida.

Siempre debes buscar el siguiente nivel para mantenerte motivado en la vida. Tener objetivos te permite verte a ti mismo dentro de unos años. El objetivo final de los espartanos en la vida es convertirse en los mejores guerreros y ganar batallas. El objetivo de las fuerzas de operaciones especiales es cumplir sus misiones. Establecer objetivos a largo plazo para el futuro te da una visión y los objetivos a corto plazo te dan motivación.

Debes conocer la forma adecuada de establecer objetivos. No puedes limitarte a decir que quieres tener éxito en la vida porque hay algo más que decirlo. Estas son las cosas que debes saber cuando se trata de establecer metas.

. . .

Sus objetivos personales

El objetivo de la mayoría de la gente es tener éxito en la vida. Tienes que ser específico porque tu definición de éxito puede ser diferente a la de los demás. Crea una visión clara de dónde te ves en el futuro. Esta puede ser tu meta personal. Enumera también las cosas que tienes en esa visión. ¿Es una familia, una casa propia, un negocio, un puesto más alto, etc.? A continuación, divídelas en objetivos más pequeños que puedas alcanzar en un plazo más corto. Una vez que hayas identificado tus objetivos a corto plazo, puedes empezar a trabajar en ellos.

Estos son los pasos específicos que debe seguir a la hora de fijar objetivos.

-Establecer objetivos a largo plazo

Como ya se ha dicho, lo primero que tiene que hacer es conocer sus objetivos a largo plazo o sus objetivos vitales. Esto no significa que tenga que planificar toda su vida hasta su muerte. Pero pregúntese qué quiere conseguir en un futuro próximo. Si aún no se ha casado, quizá quiera tener su propia familia. Quizá quieras emigrar al extranjero con tu familia. O tal vez quieras montar un negocio online. Estos son objetivos vitales importantes que afectan a tus decisiones para que puedas alcanzarlos. Si estás perdido y no sabes por dónde empezar, puedes examinar diferentes áreas de tu vida y preguntarte qué quieres conseguir en cada una de ellas.

. . .

Si estás perdido y no sabes por dónde empezar, puedes examinar diferentes áreas de tu vida y preguntarte qué quieres conseguir en cada una de ellas.

- Relación de pareja. ¿Quieres casarte con tu pareja actual? ¿Planea irse a vivir juntos? ¿O tal vez no quieras casarte en el futuro?
- Familia. ¿Quieres tener hijos? ¿Cuántos? ¿Qué tipo de padre quieres ser? ¿Quieres visitar a tus padres y hermanos al menos una vez al año?
- Carrera profesional. ¿Quieres llegar a un puesto más alto? ¿Quieres seguir en la misma empresa o cambiar de trabajo? ¿Planeas montar tu propio negocio?
- Financieros. ¿Cuál es tu plan de jubilación? ¿Piensas ahorrar en algo? ¿Qué porcentaje de tu sueldo piensas ahorrar cada mes?
- Salud física. ¿Quieres ser vegano? ¿Cuánto peso quiere perder este año? ¿Planeas mantener tu buena salud hasta la vejez?
- Salud mental. ¿Quieres cambiar algo en tu mentalidad? ¿Qué rasgos de la personalidad quieres mejorar?
- Ocio. ¿Hay lugares que quieras visitar? ¿Quieres aprender una nueva afición? ¿Cómo quieres pasar tu tiempo libre?
- Altruismo. ¿Hay alguna organización benéfica a la que quieras hacer una donación? ¿Qué tipo de defensa quieres llevar a cabo?

Después de categorizar los diferentes aspectos de tu vida, ahora puedes plantearte diferentes objetivos vitales que quieres alcanzar. Eso sí, no te emociones demasiado porque podrías acabar con muchas cosas y sentirte abrumado.

Sólo debes anotar las cosas que te interesan. Por ejemplo, si quieres ser vegano porque está de moda, probablemente deberías descartar la idea porque no es algo que quieras para ti.

Asegúrate de que los objetivos de tu lista no son los objetivos de otra persona para ti. Tal vez no quieras tener hijos, pero tus padres te han insistido en ello. Tienes que ser honesto contigo mismo si quieres tener éxito en este ejercicio.

-Establecer objetivos a corto plazo

Estos son como tus objetivos de apoyo o los objetivos más pequeños que te ayudan a alcanzar tus objetivos de vida. Si tu objetivo vital es alcanzable, por ejemplo, dentro de 20 años, puedes dividir tus objetivos en otros más pequeños. Por ejemplo, si quieres ganar una determinada cantidad de dinero para la jubilación, puedes establecer objetivos más pequeños cada año. Si quieres tener tu propia familia a los 35 años, y ahora tienes 20, puedes escribir objetivos más pequeños con sus correspondientes plazos, como conseguir tu propia casa, ganar una cantidad específica cada mes, etc. Puedes subdividir estos objetivos más pequeños en otros mucho más pequeños hasta que te resulte más fácil alcanzarlos. Los divides en tareas más pequeñas porque así son más realistas y también te dan una fecha límite. Si no tiene una fecha límite, le resultará difícil alcanzar esos objetivos vitales.

Establecer objetivos más pequeños también hace que tu progreso sea más obvio. Si el objetivo es demasiado grande y está demasiado lejos, tu progreso puede parecer insignificante.

Por eso debe mantenerlos en forma gradual para que sepa que está logrando algo.

-Mantenga el rumbo

El hecho de que hayas terminado de escribir tus objetivos no significa que todo acabe ahí. Tienes que revisar tus objetivos de vez en cuando porque tus circunstancias pueden haber cambiado con el tiempo. Tal vez tu sueldo sea ahora mayor que cuando escribiste tus objetivos por primera vez, lo que te permitirá alcanzar tus metas financieras más rápidamente. Tal vez tus prioridades hayan cambiado porque has tenido un embarazo imprevisto y tus estudios tienen que pasar a un segundo plano. La vida pasa y no todo está bajo tu control. En casos así, hay que estar abierto a los cambios y ser flexible.

Objetivos SMART

SMART es la abreviatura de lo que debe ser tu objetivo: específico, medible, alcanzable, relevante y con un plazo determinado. Esto hace que tu objetivo sea más claro y fácil de alcanzar. Decir que quieres viajar por todo el mundo es un objetivo vago. En cambio, puedes decir "quiero visitar un país cada año".

- Específicos. Tus objetivos deben ser específicos, es decir, bien definidos, centrados y claros. Deben ser detallados para que sepas de qué estás hablando.
- Medible. Un objetivo que tiene fechas, cantidad de dinero, plazos, duración, edad, etc., es medible.

- Alcanzable. Su objetivo también debe ser alcanzable, lo que significa que no debe ser imposible de lograr.
- Relevante. Para que un objetivo sea eficaz, también debe ser relevante o significativo para tu vida. No escribas un objetivo sólo porque suena bien. Debe tener un impacto significativo en su vida.
- Limitado en el tiempo. Por último, un objetivo debe tener una duración determinada, lo que significa que debe tener una fecha límite.

Objetivo genérico: Quiero ahorrar dinero.

Objetivo SMART: Quiero ahorrar el 10% de mi sueldo cada mes para tener $XXX en 5 años.

Objetivo genérico: Quiero tener hijos.

Objetivo SMART: Quiero tener 2 hijos antes de los 40 años.

Objetivo genérico: Quiero comprar una casa.

Objetivo SMART: Quiero comprar una pequeña casa cerca de la ciudad que no cueste más de $XXXX para finales de año.

Consejos para fijar objetivos

- Enuncia un objetivo positivo. Si quieres llegar a ser gerente en tu empresa actual, no digas algo parecido a "no seguir en el mismo puesto". Fórmalo de manera que aporte positividad y motivación a tu vida en lugar de negatividad y amargura.
- Puede que tengas muchos objetivos, pero tienes que asegurarte de priorizar las cosas que más importan en tu vida y las que requieren una atención urgente. Por ejemplo, si quieres ser vegano, pero también quieres ganar un poco de peso debido a un trastorno alimentario, tal vez debas centrarte primero en tu salud antes de decidirte a ser vegano. O si quieres ahorrar dinero para comprar un coche, pero necesitas dinero para la medicación, deberías utilizar el dinero para tu medicación porque el coche puede esperar, pero tu salud no.
- Tienes que asignar recursos para lograr tus objetivos. Todos los objetivos necesitan tiempo, dinero y/o esfuerzo. Esto es algo que debes estar dispuesto a gastar si quieres alcanzar tus objetivos. Ya sea que necesite dinero, tiempo o esfuerzo, debe tener los tres a su disposición para poder avanzar en el logro de su objetivo. Algunos objetivos pueden requerir la ayuda de otras personas. Si este es el caso, debes hablar con esa persona para que ambos estéis de acuerdo. Esto se ve a menudo en familias o parejas que suelen compartir los mismos objetivos. Los conflictos surgen si los recursos de ambos son necesarios, pero no se ponen de acuerdo.
- Una vez alcanzado un objetivo, ya sea pequeño o grande, hay que celebrarlo. Puedes recompensarte por cumplir un objetivo pequeño simplemente tomándote un día libre en el trabajo, saliendo a comer con tu pareja, etc. Si se consigue un objetivo

importante, puede celebrarlo comprándose algo, saliendo de la ciudad, etc. La recompensa debe estar en consonancia con el objetivo que acabas de lograr. Si se trata de un objetivo pequeño y lo celebras a lo grande, entonces es como un desperdicio de recursos. ¿Y cómo celebrarías entonces los objetivos más grandes? Si se trata de un objetivo importante y te limitas a darte una pequeña palmadita en la espalda, puede que te sientas poco apreciado después de todo el trabajo que has realizado. Tienes que saber cómo celebrar y recompensarte adecuadamente dependiendo del tipo de objetivo que hayas conseguido.

- Si el objetivo es demasiado fácil de alcanzar, quizá puedas intentar hacerlo un poco más difícil la próxima vez. Dígase a sí mismo, ya que puedo hacer esto fácilmente, tal vez pueda esforzarme un poco más la próxima vez para poder lograr mi objetivo más rápidamente. Por ejemplo, si tu objetivo es terminar de limpiar una habitación en un día, pero pudiste terminar una habitación en poco más de una hora, entonces tal vez puedas pasar a la siguiente habitación. De este modo, terminarás tu objetivo en menos tiempo. Eso sí, no te exijas demasiado o acabarás agotado.

11

Buenos Y Malos Hábitos

La autodisciplina es necesaria para romper los malos hábitos y crear los buenos. Una vez que empieces a romper tus malos hábitos y a crear los buenos, te sentirás mejor contigo mismo y empezarás a tener la confianza que necesitas. Te hace sentirte seguro de ti mismo porque sabes que tienes el control de tu vida. Los hábitos son una parte importante de lo que eres como persona. Pero tienes que recordar que eres tú quien los crea. Está en tu mano liberarte o empezar uno nuevo.

¿Cómo puedes saber si tu hábito es malo? Algunos son bastante obvios, como fumar, llegar tarde, etc. Otros no son tan evidentes. Una forma de saber si es un mal hábito es cuando interrumpe tu vida. Por ejemplo, navegar por Internet antes de irte a la cama durante varias horas sin darte cuenta es un mal hábito porque no duermes lo suficiente. Mirar el teléfono mientras cenas con tu familia también es un mal hábito porque te impide mantener una conversación significativa con ellos.

· · ·

Los efectos negativos no son tan evidentes, pero seguro que afectan a tu vida de forma negativa.

Los malos hábitos pueden arruinar tu salud física o mental, tus relaciones, tu carrera y otros aspectos de tu vida. También son una pérdida de tiempo, energía y dinero.

Ahora te preguntarás, ¿por qué no dejarlo? ¿Por qué seguir con estos malos hábitos si sabes que sólo te hacen la vida imposible? Tal vez pienses que es tan simple como eso, pero como la mayoría de las cosas en esta vida, es más fácil decirlo que hacerlo. Probablemente conoces al menos a una persona que tiene un mal hábito. Tal vez usted tenga un mal hábito del que no es consciente. ¿Cree que es fácil para un fumador dejar de fumar? Algunos pueden hacerlo de golpe, mientras que otros tienen que dar pequeños pasos o sufrirán síntomas de abstinencia.

Para resolver cualquier problema en la vida, primero hay que identificar las causas fundamentales.

Dos causas principales de los malos hábitos

El estrés y el aburrimiento son los dos principales culpables de que la gente adquiera malos hábitos. Cuando estás aburrido o estresado, harás algo para aliviar esa sensación. Y antes de que te des cuenta, cada vez que te sientas aburrido o estresado, lo harás automáticamente sin pensar.

. . .

Puede ser morderse las uñas, darse un atracón de comida, ver televisión y gastar en exceso, navegar por Internet sin parar, etc.

Hay dos formas en las que un mal hábito perturba tu vida. En primer lugar, pierdes tu tiempo, energía y dinero con estos hábitos. Compras cosas que no necesitas para hacer frente al estrés. Ves una serie entera de una sentada porque te aburres.

Se trata de recursos -dinero y tiempo- que pueden emplearse en algo más productivo. Otra forma en que te afecta es que se convierte en una herramienta para procrastinar.

La buena noticia es que, en lugar de afrontar el estrés y el aburrimiento de forma negativa y destructiva, por qué no te enseñas a ti mismo formas positivas de afrontarlo. Puedes formar buenos hábitos que sirvan para sustituir estos malos hábitos. Pero antes de hacer esto, pregúntate si hay una causa más profunda para tu aburrimiento y estrés. Una vez más, tienes que profundizar e identificar la causa raíz para poder abordarla adecuadamente. Puede que el estrés y el aburrimiento que sientes sean sólo la punta del iceberg. Tal vez haya algo más de lo que parece, algo más profundo y serio. Puede ser el miedo, un acontecimiento pasado que tuvo un gran impacto negativo en tu vida, una visión limitante sobre ti mismo, etc. Sé sincero contigo mismo y busca ayuda profesional si es necesario. Debes entender las causas de estos malos hábitos para que sea más fácil convertirlos en hábitos positivos.

Sustituir los malos hábitos por los buenos

Tus hábitos, ya sean buenos o malos, forman parte de lo que eres. Y si ese es el caso, ¿quieres que te definan con hábitos negativos o positivos? Además, los hábitos proporcionan algún tipo de beneficio de una forma u otra, tanto si el hábito es bueno como si es malo. Por ejemplo, fumar te calma los nervios y te hace pensar con claridad, pero todo el mundo sabe que es malo para la salud. Los malos hábitos, como morderse las uñas, apretar la mandíbula o dar golpecitos con el pie, también son beneficiosos porque ayudan a aliviar el estrés, pero se sabe que no son buenos para el cuerpo y en un entorno social.

Cuando llegas a la oficina, lo primero que haces antes de seguir con tu día es revisar tus correos electrónicos. Esto te hace sentir conectado y que no te pierdes nada importante, pero al mismo tiempo te distrae porque divide tu atención entre las tareas que tienes que hacer de inmediato y las nuevas tareas que acabas de ver en tus correos electrónicos.

Esto sólo demuestra que los malos hábitos son difíciles de romper, por pequeños que sean, porque te dan algo a cambio: una sensación positiva que necesitas en ese momento. Las personas que apuestan o consumen drogas buscan el subidón que sienten cuando ganan o mientras están bajo la influencia.

Lo que tienes que hacer en lugar de decirte a ti mismo que lo dejes es sustituir este mal hábito por uno bueno que te dé la misma sensación.

. . .

En lugar de decirte a ti mismo que dejes de fumar, puedes buscar una alternativa más saludable para afrontar el estrés.

Quizás puedas hacer pequeños ejercicios que te ayuden a lidiar con el estrés.

Romper con tus malos hábitos

Hay algunas formas de intentar acabar con tus malos hábitos. Aquí tienes ideas que puedes probar.

- Encuentra una alternativa más saludable

Tienes que encontrar un sustituto que no tenga ningún impacto negativo en tu vida pero que te dé la misma sensación que tu mal hábito. Si tiendes a comer compulsivamente cuando estás aburrido o bajo mucho estrés, quizá puedas probar otra actividad como la jardinería, el ganchillo, la costura, etc. Aprender un nuevo pasatiempo puede ayudarte a romper con tu mal hábito. Debes saber qué hacer cuando creas que estás a punto de hacer ese mismo mal hábito. Cuando sientas que el aburrimiento te invade y tengas el impulso de navegar por Facebook, lo que sabes que te llevará a perder varias horas de tu vida, debes tener un plan preparado. En lugar de eso, puedes coger una aspiradora y ponerte a limpiar.

- Elimina las cosas que desencadenan tus malos hábitos

Te conoces bien a ti mismo, así que sabrás qué cosas desencadenan tus malos hábitos. Si navegas por las redes sociales antes de irte a la cama, apaga tu teléfono o tu wifi para que no puedas conectarte. Si tiendes a fumar después de beber alcohol, entonces no bebas alcohol. Si no puedes dejar de ver una serie entera hasta terminar cada episodio, entonces no empieces a verla. Evitar los desencadenantes que provocan tus malos hábitos es una buena manera de liberarte de ellos.

Asegúrate de cambiar tu entorno y las cosas que te rodean para que te ayuden a romper tus malos hábitos y formar otros nuevos.

- Hazlo con alguien

Algunas personas no quieren contar a los demás sus objetivos de romper sus malos hábitos porque no quieren que los demás los vean fracasar. Pero esa es la cuestión. Debes contárselo a los demás para tener más motivación para no fracasar. ¿Cuántas veces has empezado una nueva dieta sin decírselo a nadie?

Cada año nuevo, probablemente tengas una larga lista de propósitos que se quedan en eso: largas listas de propósitos.

Esto se debe a que no se le exige que rinda cuentas. No estás tan comprometido con tu objetivo porque sólo eres tú y nadie sabrá si fallas. Puedes dejar de hacerlo en cualquier momento si crees que no puedes hacerlo. Pero si te tomas en serio lo de dejar tu mal hábito, entonces debes encontrar a alguien con quien puedas emparejarte y que controle tu progreso.

Es incluso mucho mejor si esta persona tiene el mismo objetivo para que podáis hacer cosas juntos. También podéis celebrar juntos vuestras victorias. Es bueno tener a alguien con quien estar y que entienda cuando estás en el proceso de cambiar para mejor.

- No intentas ser otra persona

Tus hábitos forman parte de lo que eres, pero puedes cambiarlos fácilmente. Depende de ti porque es tu vida. Eso no significa que intentes ser otra persona. Sólo significa que intentas mejorar y convertirte en una mejor persona. No necesitas una revisión de tu personalidad sólo para romper con tu mal hábito. No significa que esté cambiando a una persona diferente. La verdad es que estos hábitos se han desarrollado a medida que has empezado a vivir tu vida. No estaban allí desde el principio, lo que significa que, en algún momento de su vida, se liberó de estos hábitos. Si lo miras de esta manera, sólo significa que estás tratando de volver a tu antiguo yo y no tratando de ser alguien que no eres. No estás tratando de ser un no fumador, estás volviendo a ser un no fumador. Puede que haya sido hace mucho tiempo, pero sigue siendo usted y si fue capaz de hacerlo antes, no hay razón para que no pueda hacerlo ahora.

- Prepare refutaciones para sus pensamientos negativos

A algunas personas les resulta difícil abandonar sus malos hábitos porque piensan que son seres humanos débiles.

. . .

Esto es cierto hasta cierto punto, pero esto no significa que tengas que hundirte en la desesperación y dejarte comer por tus pensamientos y hábitos negativos. Cada vez que te des cuenta de que te rindes y piensas que eres una persona que no puede cambiar, tienes que refutarlo. Por ejemplo, si te encuentras pensando que eres un fracaso porque algo tan sencillo como perder peso te resulta difícil, puedes decir algo como "pero ahora estoy intentando ser más sano".

- Habrá fracasos

Eres humano, no eres perfecto. No es una excusa; es simplemente lo que es. Te encontrarás con que fracasas una o dos veces en tu viaje hacia un mejor yo. Puede que un día caigas en la tentación y te comas una bolsa de patatas fritas cuando estás intentando mantenerte alejado de la comida basura. Puede que te saltes un día de entrenamiento porque te sientes cansado.

No pasa nada.

No te preocupes. La clave es recordar que hay muchas más victorias que fracasos.

Esto no significa que ahora puedas ser menos exigente contigo mismo porque está bien cometer errores. No es así como funciona. Tienes que aprender de esos errores. Quizá la próxima vez debas planificar este tipo de situaciones para no desviarte del camino. Lo más importante es que te recuperes y no caigas en una espiral descendente sólo por una pequeña metedura de pata.

12

Vivir Una Vida Libre De Miedo Para Lograr El Amor Propio

El punto principal de este libro es vivir la vida con confianza en uno mismo eliminando el miedo, como viven los espartanos y las fuerzas de operaciones especiales. El miedo es un gran impedimento y debe ser eliminado para que puedas vivir con confianza y amor propio. Estas son algunas cosas que debes tener en cuenta para vivir una vida libre de miedo y aprender a amarte a ti mismo.

- Deja de lado las nociones preconcebidas

Si quieres estudiar una carrera, pero te da miedo porque ya tienes 40 años, deja de preocuparte y ve a por ello. Estudiar no es sólo para los jóvenes. Ya hay muchas historias de éxito de adultos mayores que decidieron volver a la universidad para obtener un título. Nunca es demasiado tarde para hacer lo que uno quiere.

. . .

Es similar a la moda. Algunos colores se asocian a diferentes estaciones. Los colores vivos para el verano, los pasteles para la primavera, los tonos cálidos para el otoño y los neutros para el invierno. ¿Quién dice que no se puede vestir de color pastel en la temporada de otoño mientras se comen bollos calientes? A veces, estas nociones preconcebidas nos impiden hacer cosas. Y lo curioso es que a veces no tienen ningún sentido. Así que pregúntate, ¿por qué hago o no hago esto? ¿Es porque la sociedad espera o no espera que lo haga? Piensa fuera de la caja y reevalúa tu vida.

- Céntrate en lo que puedes hacer

En lugar de centrarte en las cosas que no puedes hacer, ¿por qué no te centras en las que sí puedes? Si tienes miedo de hablar en público porque sientes que no eres tan elocuente al hablar, ¿por qué centrarte en eso? En lugar de eso, céntrate en tu sinceridad y en tu genuino interés por el tema. Si te interesa el tema del que vas a hablar, aprenderás a ser más elocuente. Si te centras en las cosas que puedes hacer, descubrirás nuevos talentos que no sabes que tienes. ¿Quién iba a pensar que se puede hablar tan bien en público cuando se habla de su defensa? Resulta que sólo tienes que encontrar el tema adecuado para poder hablar bien delante de mucha gente.

- Aprende más sobre las cosas que te dan miedo

El miedo proviene de no saber algo. El miedo a lo desconocido es real. El espacio da miedo porque el hombre sólo puede estudiar una pequeña parte de él. Lo mismo ocurre con lo que hay en el fondo del océano. Da miedo porque no se sabe nada de ello. Si tienes miedo de algo, tal vez necesites aprender más sobre lo que te asusta. Por ejemplo, si te da miedo volar, quizá debas investigar un poco sobre la ciencia que hay detrás de los aviones y cómo funcionan. De este modo, sabrás que la ciencia impide que se estrelle. También deberías decirte a ti mismo que ya hay mucha gente que ha viajado con éxito en avión. Miles de personas viajan en avión cada día. Hay accidentes, pero es como cualquier otro medio de transporte. Una vez que sepas más sobre el tema, puede que te sientas menos asustado la próxima vez que vueles. Quién sabe, puede que incluso disfrutes de los viajes en avión.

- Elige tus batallas

Las cosas que experimentas en la vida no tienen la misma importancia. Tienes que saber a cuáles te vas a enfrentar y cuáles vas a dejar de lado. Si te dan miedo las arañas, pero no te encuentras con muchas en tu vida, puedes dejarlo pasar.

Pero si eres un ecologista que tiene que visitar bosques o arbustos, entonces es posible que quieras superar este miedo. Elige los que necesites superar porque te impiden desenvolverte bien en la sociedad. Tal vez cuando tengas tiempo, puedas enfrentarte a tu miedo a las arañas, pero por ahora, déjalo pasar.

- Estar con la gente adecuada

Puede que no te des cuenta, pero la gente que te rodea desempeña un papel importante en la forma en que manejas los problemas en la vida. Si tienes una relación con una persona tóxica, lo más probable es que no pueda ayudarte a superar tus miedos. Incluso podría estar contribuyendo a tu ansiedad. Pero si estás con personas positivas que creen en ti y en las que puedes confiar, superar tus miedos será fácil.

Seguirás encontrándote con personas tóxicas y manipuladoras por mucho que intentes evitarlas. Puede ser un compañero de trabajo o una persona de tu grupo de amigos. Si no te sientes cómodo con alguien, intenta no estar en la misma habitación con esa persona tanto como puedas. Si dice algo insultante, dile cordialmente que no vas a permitir que te falten al respeto. Puedes denunciarlo a RRHH o a tu jefe. Si es un amigo, intenta cortar lazos y estar sólo con los que te importan. Pronto se darán cuenta de por qué has decidido cortar con esa persona de tu vida y harán lo mismo ellos.

- Dígase a sí mismo que es un superviviente

Todas las personas que aún viven y respiran son supervivientes, incluido tú. Lo más probable es que te hayas enfrentado a muchos problemas en la vida, pero sigues aquí. Has pasado por muchas cosas, pero nunca te has rendido. ¿Por qué parar ahora? Eres un superviviente que ha superado los momentos más difíciles de su vida. Es sólo hablar en público, puedes hacerlo. Fuiste capaz de dar a luz o de mantener a tu familia durante la recesión, así que no te asustes por algo tan trivial como hablar en público. Has llegado hasta aquí. Lo has hecho y lo volverás a hacer. Sólo tienes que creer en ti mismo y confiar en que puedes hacerlo.

· · ·

Dígase a sí mismo que, en el gran esquema de las cosas, las cosas que le dan miedo no son más que motas. Así que no pierdas la fe en ti mismo.

Conclusión

Ahora que conoces la mentalidad de individuos duros como los espartanos y las unidades de operaciones especiales, puedes aplicar lo que has aprendido en este libro.

Tener confianza en uno mismo y quererse a sí mismo no es tan fácil como parece, especialmente para las personas que han luchado por tener confianza desde que eran jóvenes. Hay muchas cosas que puedes hacer para mejorar tu confianza en ti mismo.

Lo más importante de este libro es que te asegures de mejorar constantemente como persona y de cambiar tu mentalidad siguiendo los cientos de consejos que puedes encontrar en cada capítulo. Menos mal que existen libros como éste. Espero que aprendas mucho y empieces a vivir una vida libre de miedos y preocupaciones.

www.ingramcontent.com/pod-product-compliance
Lightning Source LLC
LaVergne TN
LVHW011714060526
838200LV00051B/2908